中国会计评论
CHINA ACCOUNTING REVIEW

名誉顾问

厉以宁/北京大学

梁尤能/清华大学

主　编

王立彦　陈　晓　吕长江　刘　星　刘志远

编　委（按编委姓名拼音排序）

陈　晓/清华大学	刘志远/南开大学
陈信元/上海财经大学	吕长江/复旦大学
刘　峰/中山大学	曲晓辉/厦门大学
刘　星/重庆大学	王立彦/北京大学

特邀编委

靳庆鲁/上海财经大学	吴　溪/中央财经大学
夏立军/上海交通大学	祝继高/对外经济贸易大学
陈冬华/南京大学	辛清泉/重庆大学
薛　健/清华大学	李青原/武汉大学

编辑部

罗　炜/北京大学	肖　星/清华大学
李　娟/北京大学出版社	伍利娜/北京大学

主编助理

许　骞/中国农业大学

编辑部 IT 事务

曾建光/重庆大学

知网平台地址

http://zkjp.cbpt.cnki.net/WKD/WebPublication/index.aspx？mid=zkjp

《中国会计评论》理事会

（按大学、机构名称拼音字母排序）

CHINA ACCOUNTING REVIEW

理　事

机构	理事
北京大学	吴联生
北京工商大学	毛新述
北京理工大学	陈宋生
北京师范大学	崔学刚
重庆大学	刘　星
东北财经大学	方红星
对外经济贸易大学	陈德球
复旦大学	洪剑峭
国泰安 CSMAR	崔凯龙
哈尔滨工业大学	王福胜
华中科技大学	郭　炜
吉林大学	赵　岩
暨南大学	黎文靖
南京大学	王跃堂
南开大学	张继勋
清华大学	肖　星
山西大学	张信东
上海财经大学	孙　铮
上海交通大学	徐晓东
石河子大学	吴昊旻
苏州大学	罗正英
武汉大学	李青原
西安交通大学	田高良
西南财经大学	蔡　春
西南交通大学	叶　勇
厦门大学	杜兴强
云南财经大学	余怒涛
浙江大学	陈　俊
浙江工商大学	胡国柳
郑州航空工业管理学院	张功富
中国人民大学	支晓强
中南财经政法大学	王雄元
中山大学	魏明海
中央财经大学	孟　焰
《中国会计评论》编委会	王立彦

中国会计评论

第 19 卷 第 3 期
2021 年 9 月

目 录

文 章

经济政策不确定性与上市公司股权激励
……………………… 陈胤默 张 明 文 雯 任莉莉 （353）

新冠肺炎疫情与媒介依赖——基于资讯类 App 大数据的证据
……………………… 袁东彤 曾建光 杨 勋 操 群 李 琦 （379）

市场声誉抑或风险规避——污点独立董事任职的影响机理
……………………… 黄志雄 袁峰华 毛宣颖 （401）

业务财务信息整合与上市公司信息环境
……………………………………………… 李 哲 李星仪 （423）

董事高管责任险与管理层薪酬黏性
……………………… 唐亚军 李成蹊 王靖宇 汪 丽 （459）

表外租赁是否存在财务报告动机——兼论融资约束的异质性作用
……………………………………………… 谭 超 杨文莺 （481）

CHINA ACCOUNTING REVIEW

Vol. 19 No. 3

September, 2021

CONTENTS

Articles

Economic Policy Uncertainty and Listed Companies' Equity-based Incentives
.... Yinmo Chen Ming Zhang Wen Wen Lili Ren (353)

COVID-19 Pandemic and Media Dependency: Evidence from News Apps Big Data in China ...... Dongtong Yuan Jianguang Zeng Xun Yang
.... Qun Cao Qi Li (380)

Reputation or Risk Aversion: The Influence Mechanism of Tainted Independent Directors' Appointment
.... Zhixiong Huang Fenghua Yuan Xuanying Mao (401)

Business and Financial Information Integration and Corporate Information Environment .... Zhe Li Xingyi Li (423)

D&O Insurance and Management Stickiness
.... Yajun Tang Chengxi Li Jingyu Wang Li Wang (459)

Financial Report Incentives in Off-balance-sheet Leases: The Perspective of Heterogeneous Role of Financing Constraints
.... Chao Tan Wenying Yang (481)

经济政策不确定性与上市公司股权激励

陈胤默　张　明　文　雯　任莉莉*

摘　要　宏观层面的经济政策不确定性对微观企业决策行为的影响引起了学术界的广泛关注。本文采用2006—2017年沪深A股上市公司数据，实证研究经济政策不确定性对上市公司股权激励的影响。研究发现，经济政策不确定性越高，上市公司越有可能实施股权激励，并且股权激励的实施力度也相应增大。进一步研究发现，由于企业风险承担行为中存在代理问题，经济政策不确定性的上升导致企业外部风险加大，因此代理冲突更加严重的上市公司更有可能在经济政策不确定性上升时实施股权激励，进而激发管理层工作的积极性。同时，经济政策不确定性越高，上市公司实施股权激励的有效期越短，并且越有可能推出限制性的股票激励方式。在采用倾向得分匹配法、控制潜在的内生性问题以及采用替代指标进行稳健性检验后，结果依然成立。本文拓展了宏观经济政策不确定性的经济后果以及上市公司股权激励影响因素的研究，在企业应对不确定性的冲击方面具有政策启示意义。

关键词　经济政策不确定性　股权激励　代理问题

Economic Policy Uncertainty and Listed Companies' Equity-based Incentives

YINMO CHEN　MING ZHANG　WEN WEN　LILI REN

Abstract　The impact of macro-economic policy uncertainty on the decisions of micro companies has drawn much attention in academia. Using Chinese A-share listed companies'

---

* 陈胤默，北京语言大学商学院；张明，中国社会科学院金融研究所、国家金融与发展实验室；文雯，北京外国语大学国际商学院；任莉莉，燕山大学经济管理学院。通信作者：文雯；地址：北京市海淀区西三环北路19号；邮编：100089；E-mail：wenwen_bfsu@bfsu.edu.cn。本成果受北京语言大学院级项目资助（中央高校基本科研业务费专项资金，项目批准号：22YJ090001）、国家自然科学基金项目资助（项目批准号：72002014）。当然，文责自负。

data from 2006 to 2017, this study investigates the effect of economic policy uncertainty on equity-based incentives of listed companies. This study finds that the possibility companies implement equity-based incentives and the intensity of equity-based incentives implementation both increase with the raise of economic policy uncertainty. Further study reveals that due to the existence of the agency problem of corporate risk-taking, the increase of economic policy uncertainty increases listed companies' operational risk exposure, thus the impact of economic policy uncertainty on listed companies' equity-based incentives are more pronounced in firms with serious agency problems. In addition, when the economic policy uncertainty increases, firms are more likely to adopt shorter period equity-based incentives and use restricted stock option incentives. Our result is robust after employing the propensity score matching approach, controlling potential endogenous problem and using alternative measures. This study extends the literature on the economic consequence of economic policy uncertainty and determinants of equity-based incentives. This study also has policy implications to guide companies to deal with the shock of uncertainty.

Key words Economic Policy Uncertainty; Equity-based Incentives; Agency Problem

一、引　言

管理层与股东之间的代理问题是公司治理的核心研究主题之一。随着人工智能高速发展，商业模式迭代更新速度加快，掌握先进科学技术和管理经验的专业人才日益成为社会稀缺且不可替代的人力资本，高级管理人才也逐渐在公司治理中扮演重要的角色。《2018年中国商业报告》[1] 指出，73％的中资企业和68％的外资企业将"找到并留住人才"作为企业内部管理最重要的挑战。上市公司致力于建立科学、全面且长期有效的股权激励计划，借此有效地化解管理层与股东之间的代理问题，吸引和留住高级管理人才。

已有文献对股权激励影响因素的讨论多聚焦于产权性质、公司风险、管理者特征、融资约束、同行模仿等（吕长江等，2009；支晓强等，2014；Peng and Röell，2014；Chang et al.，2015；Li et al.，2015）。现有研究发现，资本需求及融资约束与股权激励呈现正相关关系（Core and Guay，2001）。在中国，上市公司选择股权激励的动机之一是公司治理结构的不完善，部分上市公司也会出于福

---

[1] 《2018年中国商业报告》由中欧国际工商学院发布，该报告在2017年11月至12月期间邀请了699名高管进行问卷调查，包括440家中资企业和259家外资企业。调查内容为企业高管所在公司2017年在中国的经营状况及其公司对2018年和未来的期望。

利动机而采取股权激励(吕长江等,2011)。此外,支晓强等(2014)发现,中国上市公司股权激励计划的设计存在模仿行为。长期股权激励对大型企业和风险厌恶型经理人少的企业更为适用(Peng and Röell,2014)。然而,现有研究忽视了一个重要的影响企业财务决策的因素——宏观层面的经济政策不确定性。

中国上市公司会出于吸引和留住员工及融资约束等原因而实施股权激励(陈艳艳,2015)。宏观层面的经济政策不确定性会显著地影响企业投融资决策及公司治理(Julio and Yook,2012;Pástor and Veronesi,2013;Gulen and Ion,2016;饶品贵等,2017)。《2018年中国商业报告》指出,41%的中资企业和46%的外资企业将"政府政策及法律环境不利"视为企业经营过程中重要的外部挑战之一。由此,本文基于宏观经济政策不确定性的视角考察股权激励计划的影响因素。

宏观经济政策不确定性越高,上市公司实施股权激励计划的动力越强。从委托代理视角分析,上市公司出于风险承担的考量,更倾向于在经济政策不确定性较高时实施股权激励。当宏观经济政策不确定性上升时,企业对外部风险和损失的敏感程度会提高,企业风险承担水平会降低。出于人力资本专用性和职业发展的考虑,高管的风险承担意愿会低于股东,因而产生"风险承担代理问题"(Brisley,2006;Kempf et al.,2009;Low,2009)。最优契约论认为,企业可以通过实施股权激励计划来解决管理层与股东之间的委托代理问题(Pinto and Widdicks,2014;Abernethy et al.,2015;郑志刚等,2017)。因此,当宏观经济政策不确定性较高时,企业更可能通过给予高管股权激励来减少管理层与股东之间的委托代理问题,激发高管的积极性。

本文研究发现:(1)当经济政策不确定性上升时,上市公司更有可能实施股权激励;(2)随着经济政策不确定性的上升,公司实施股权激励的力度越大;(3)代理问题严重的上市公司更有可能在经济政策不确定性上升时实施股权激励;(4)经济政策不确定性越高,上市公司实施股权激励的有效期越短,并且越有可能推出限制性股票的激励方式。

本文基于宏观经济政策不确定性的视角,分析上市公司股权激励的影响因素。本文的贡献在于:第一,拓展了上市公司股权激励影响因素领域的文献。以往研究关注公司治理、产权性质、公司风险、管理者特征、融资约束、同行模仿等因素对上市公司股权激励计划的影响(吕长江等,2009;支晓强等,2014;Li et al.,2015)。本文发现宏观经济政策不确定性的增加会对上市公司股权激励计划的设计产生显著的正向影响,因而从宏观经济政策角度拓展了股权激励影响因素领域的研究。第二,从薪酬激励视角探究宏观经济政策因素对微观企业决策行为的影响路径,为宏观经济政策不确定性与微观企业决策行为方面的研究提供了更加完整的证据。现有研究大多从企业投融资、税收规避、现金持有等角度分析宏观经济政策不确定性对微观企业决策行为的影响（Julio and Yook, 2012；Pástor and Veronesi, 2013；Kim and Kung, 2017；饶品贵等，2017；陈胜蓝和刘晓玲，2018），尚无文献关注经济政策不确定性对上市公司股权激励的影响。本文探究经济政策不确定性对上市公司股权激励计划设计的影响，为该领域的研究提供了有益补充。

二、文献回顾与研究假设

（一）文献回顾

有关经济政策不确定性的经济后果日益成为学术界研究的焦点议题。饶品贵等（2017）认为经济政策不确定性是由经济政策制定过程所伴随的不可预测性、不透明性和模糊性所致。Feng（2001）和 Le and Zak（2006）的研究认为，经济政策不确定性包括三个方面：一是政府落实政策方面的不确定性；二是政府采取与现有政策完全不同政策的可能性；三是政府政策变化所导致的不确定性。经济政策不确定性的上升导致经济活动参与者的决策成本和风险增加，进一步影响经济环境和经济发展。

现有研究主要从四个方面分析经济政策不确定性的经济后果。第一，经济政策不确定性对资本市场的影响。在经济疲软阶段，宏观经济政策不确定性上升会带来更大的风险溢价，使得股市波动更大、股票相关性更强，这是由于经济政策不确定性降低了政府为市场提供的隐性看跌保护的价值（Pástor and Veronesi, 2013）。Çolak et al.（2017）研究发现，美国州选举带来的政治不确定性会对公司首次公开募股（IPO）产生影响，当一个州计划进行选举时，该州的 IPO 会减少。如果公司与当地政府有紧密的业务合作，选举就会对 IPO 活动产生更强的抑制作用，从而导致更低的 IPO 定价。第二，经济政策不确定性对企业投资行为的影响。投资不可逆性会加大经济政策不确定性对投资的负向影响，在考虑经济周期后，较高的政策不确定性在经济下滑期对投资有抑制作用，较低的政策不确定性在经济上升期对投资有促进作用（韩国高，2014）。Kim and Kung（2017）研究发现，当经济政策不确定性上升时，企业的投资决策会更加谨慎。公司使用更少的重置资本去减少投资，更多可重新配置的资产表现出更高的回收率，并在二级市场上更积极地进行交易。Chen et al.（2018）利用选举活动度量经济政策不确定性，发现选举前投资的减少可以用数量和规模的减少以及宣布新投资项目的时间变化加以解释，选举年份并购交易数量比非选举年份减少36%。这一现象在私募股权收购和连续收购的交易中表现得最为显著,表明投资类型对在选举前推迟投资决策具有重要的影响。第三,经济政策不确定性对企业融资行为的影响。陈胜蓝和刘晓玲(2018)研究发现,经济政策不确定性会通过外部融资环境和内部经营不确定性渠道减少给予公司的商业信用,且商业信用的供给期限也会缩短,社会信任水平、地区金融发展程度和公司市场地位可以缓解两者的负相关关系。第四,宏观经济政策不确定性对现金持有的影响。郑立东等(2014)发现,随着经济政策不确定性的上升,企业现金的调整速度加快,企业表现出更加积极的现金管理行为。企业为民营企业、资本投资水平越高、经营现金流量越低、偿债水平越高,其现金调整速度越快。处于周期性行业且所在行业竞争越激烈,经济政策不确定性对企业现金调整速度的影响越大。王红建等(2014)发现经济政策不确定性越高,企业的现金持有水平越高,而且该影响在市场化程度越低的地区越明显,现金边际价值会随着现金持有水平的上升而降低。

在梳理现有关于宏观经济政策不确定性经济后果的文献后发现,目前尚无研究探讨经济政策不确定性对上市公司股权激励的影响。股权激励作为现代公司治理的重要手段,被越来越多的上市公司采用。公司可以通过股权激励激发高管的积极性,降低股东与管理层之间的委托代理问题。因此,本文基于经济政策不确定性的视角,探讨股权激励计划的影响因素及其作用机理。

(二)研究假设

现代公司制度的发展导致所有权和经营权的分离。在股权结构高度分散的情形下,股东不参与日常经营和管理,而是将日常经营权赋予管理层。但是,管理层并不总是以实现股东价值最大化为目标进行决策,由此带来委托代理问题(Jensen and Meckling,1976)。由于委托代理问题的存在,上市公司会出于激励高管共担风险的考量,更倾向于在宏观经济政策不确定性上升时实施股权激励。

当公司面临的外部宏观经济政策不确定性上升时,外部经营环境的不确定性程度较大,公司面临的经营风险会增加,高管出于人力资本专用性和职业发展的考虑,会通过减少投资支出等方式降低公司的风险承担水平(Pástor and Veronesi,2013);当公司的风险承担水平低于最优水平时,会产生较严重的委托代理问题。

上市公司实施股权激励可以缓解股东与管理层之间的委托代理问题,使公司内部股东与管理层的利益趋于一致,提高公司的风险承担水平(Raviv and Sisli-Ciamarra,2013)。最优契约论认为,上市公司可以通过实施股权激励来解决股东与管理层之间的委托代理问题（Pinto and Widdicks, 2014；Abernethy et al., 2015；郑志刚等，2017）。股权激励能够降低代理成本，提高高管的努力程度和决策水平（Minnick et al., 2011；刘井建等，2017），使高管与股东利益趋于一致，激励高管最大限度地从股东利益角度行事，从而减少道德风险。因此，经济政策不确定性的上升会提高公司所面临的风险，进一步恶化股东与管理层之间的委托代理问题。此时，公司有动机实施股权激励以激发高管的积极性，使得高管与公司共同应对宏观经济政策不确定性带来的风险。

当经济政策不确定性上升时，上市公司实施股权激励的力度越大。上市公司实施股权激励的力度越大，其对公司管理层的激励越有效，高管会更加专注地为提升公司目标而努力，高管与股东间的风险共担、利益协同效应会越明显，从而降低管理层与股东之间的代理冲突。当经济政策不确定性的增加导致企业面临的外部宏观环境风险提高时，为了激发高管的积极性，降低高管的"风险承担代理问题"，公司有动机实施更大力度的股权激励。因此，当经济政策不确定性更高时，公司出于减少股东与高管间的委托代理冲突、提高高管的风险共担意愿、激励高管做出更有利于公司的经营决策的目的，可能会实施力度更大的股权激励。

综上所述，本文提出以下假设：

假设 在其他条件相同的情况下，经济政策不确定性越高，上市公司越倾向于实施股权激励，并且实施股权激励的力度越大。

三、研究设计

（一）样本选择与数据来源

本文选取2006—2017年中国A股上市公司作为初始样本。以2006年为样本起点是因为中国证券监督管理委员会于2005年12月31日颁布《上市公司股权激励管理办法（试行）》（证监公司字〔2005〕151号），并于2006年1月1日起正式实施。因此，2006年是可获得股权激励数据的最早年份。

在初始样本的基础上，本文剔除了金融行业样本，因为金融行业上市公司的财务报表结构及相关监管制度与其他行业存在较大差别。同时，本文还剔除了变量存在缺失值的观测样本。为了排除极端值的影响，本文对所有连续变量进行了1%和99%的缩尾处理。此外，为了保证研究结果的稳健性，本文对所有回归系数的标准误进行了企业层面的聚类调整。经上述处理后，本文共得到23 281个公司—年度观测值。

（二）变量定义

1. 股权激励

参考吕长江等(2009)、支晓强等(2014)、Chang et al.(2015)、Li et al.(2015)及田轩和孟清扬(2018)的研究,本文采用股权激励决策(Incentive)和股权激励力度(PPS)这两个指标考察经济政策不确定性对股权激励的影响。[2] 股权激励决策(Incentive)为虚拟变量,若第 t 年上市公司实施了股权激励,则取值为1,否则为0。股权激励力度(PPS)采用上市公司高管当年获得的股权激励股数占公司总股数的比例来度量,高管被授予的股票数量越多,占公司总股数的比例越大,表明股权激励力度越大。

2. 经济政策不确定性

本文选取 Baker et al.(2016)编制的中国经济政策不确定性指数来度量宏观经济政策不确定性(EPU)。Baker et al.(2016)基于对《南华早报》文章中关键词的搜索,统计《南华早报》每个月新闻报道中符合统计要求的新闻报道数目,然后除以当月《南华早报》所有新闻报道数目,构建得到中国的经济政策不确定性指数。指数的起始年份为1995年1月,并以此为基础进行标准化,逐月更新之后每个月的经济政策不确定性指数。参考孟庆斌和师倩(2017)的方法,采用几何平均的方法衡量,取一年内经济政策不确定性月度数据几何平均值,再除以100作为年度变量值。

3. 控制变量

借鉴现有文献(例如 Kang and Liu,2008;吕长江等,2011;Armstrong and Vashishtha,2012;沈红波等,2012;王琨和徐艳萍,2015;王栋和吴德胜,2016)的做法,本文对影响公司股权激励的其他影响因素进行了控制,包括公司规模、财务杠杆、盈利能力、产权性质、成长性、企业价值、两职合一、第一大股东持股比例、董事会规模。此外,模型中还加入了行业虚拟变量以控制行业固定效应。关键变量的定义如表1所示。

表1 关键变量定义

变量	变量符号	变量定义
股权激励决策	Incentive	若第 t 年公司实施股权激励取值为1,否则取值为0
股权激励力度	PPS	高管当年得到的股权激励股数占公司总股数的比例

---

[2] 由于中国证券监督管理委员会颁布的《上市公司股权激励管理办法(试行)》对股票期权和限制性股票的授予价格规定不尽相同,因此本文在研究股权激励时未考虑股权激励的授予价格因素。

（续表）

变量	变量符号	变量定义
股权激励有效期	Validity	股权激励计划中规定的激励有效期
股权激励方式	Type	哑变量，若激励标的物为限制性股票则取值为1，若标的物为股票期权则取值为0
经济政策不确定性	EPU	取一年内12个月的月度数据几何平均值再除以100来度量
代理成本	Agency	管理费用/营业总收入
市账比	MB	市场价值/账面价值
资本密集度	CI	总资产/营业收入
每股收益	EPS	净利润/实收资本
地区市场化程度	Market	樊纲等（2011）编制的地区市场化指数
GDP	GDP	各省GDP增长率
公司规模	Size	公司总资产的自然对数
财务杠杆	Leverage	总负债/总资产
盈利能力	ROA	净利润/总资产
产权性质	SOE	哑变量，若产权性质为国有企业取值为1，否则取值为0
成长性	Growth	本期主营业务总收入相对于上期主营业务总收入的增长率
企业价值	Tobin's Q	（股权市场价值＋总负债）/总资产
两职合一	Duality	哑变量，若董事长和总经理为同一人则取值为1，否则取值为0
第一大股东持股比例	Top1	采用上市公司第一大股东持股数占公司总股数的比例来衡量
董事会规模	Board_size	董事会人数
行业	Industry	行业虚拟变量，控制与行业相关的不可观测因素

（三）回归模型

为了验证假设，本文构建 Probit 模型（1）检验经济政策不确定性对股权激励决策的影响，构建 OLS 模型（2）检验经济政策不确定性对上市公司股权激励力度的影响。

在模型中，β_i 是回归系数，ε 是误差项，i 表示个体，t 表示年度。在模型（1）中，被解释变量 Incentive 表示股权激励决策，解释变量 EPU 表示经济政策不确定性指数。在模型（2）中，被解释变量 PPS 表示公司股权激励力度，采用高管当年得到的股权激励股数占公司总股数的比例度量。根据本文的研究假设，预期模型（1）和模型（2）中 EPU 的回归系数 β_1 均显著为正。

$$\begin{aligned}\text{Incentive}_{i,t} = &\beta_0 + \beta_1 \text{EPU}_t + \beta_2 \text{Size}_{i,t} + \beta_3 \text{Leverage}_{i,t} + \beta_4 \text{ROA}_{i,t} + \beta_5 \text{SOE}_{i,t} + \\ &\beta_6 \text{Growth}_{i,t} + \beta_7 \text{Tobin's Q}_{i,t} + \beta_8 \text{Duality}_{i,t} + \beta_9 \text{Top1}_{i,t} + \\ &\beta_{10} \text{Board\_size}_{i,t} + \text{Industry} + \varepsilon_{i,t}\end{aligned} \quad (1)$$

$$PPS_{i,t} = \beta_0 + \beta_1 EPU_t + \beta_2 Size_{i,t} + \beta_3 Leverage_{i,t} + \beta_4 ROA_{i,t} + \beta_5 SOE_{i,t} +$$
$$\beta_6 Growth_{i,t} + \beta_7 Tobin's\ Q_{i,t} + \beta_8 Duality_{i,t} + \beta_9 Top1_{i,t} +$$
$$\beta_{10} Board\_size_{i,t} + Industry + \varepsilon_{i,t} \tag{2}$$

四、经验结果与分析

（一）描述性统计

表 2 为主要变量的描述性统计结果。经济政策不确定性指数（EPU）的均值为 1.835，标准差为 0.978，最大值为 3.471，最小值为 0.686，这表明在样本期内中国经济政策不确定性存在较大波动。股权激励决策（Incentive）的最大值和最小值分别为 1 和 0，标准差为 0.361，均值为 0.154，这说明样本中有 15.4% 的上市公司实施了股权激励。股权激励力度（PPS）的最大值和最小值分别为 10 和 0，标准差为 0.690，均值为 0.147，这表明在样本中高管当年得到的股权激励股数占公司总股数的比例最大可以达到 10%、最小为 0。上述结果说明在样本期内，各上市公司的股权激励决策和股权激励力度存在较大差异。

表 2 主要变量的描述性统计

变量	观测值	均值	标准差	最小值	中位数	最大值
EPU	23 281	1.835	0.978	0.686	1.322	3.471
Incentive	23 281	0.154	0.361	0.000	0.000	1.000
PPS	23 281	0.147	0.690	0.000	0.000	10.000
Validity	1 663	4.643	1.154	1.000	4.000	10.000
Type	3 030	0.572	0.495	0.000	1.000	1.000
Agency	23 281	0.102	0.098	0.004	0.079	0.804
Size	23 281	21.970	1.297	18.970	21.810	26.900
Leverage	23 281	0.452	0.211	0.048	0.453	0.998
ROA	23 281	0.042	0.059	−0.224	0.038	0.241
SOE	23 281	0.454	0.498	0.000	0.000	1.000
Growth	23 281	0.265	1.011	−0.975	0.116	8.685
Tobin's Q	23 281	2.227	2.043	0.163	1.630	12.730
Duality	23 281	0.225	0.418	0.000	0.000	1.000
Top1	23 281	0.354	0.151	0.085	0.334	0.750
Board_size	23 281	8.845	1.779	5.000	9.000	15.000

注：由于部分公司未披露股权激励有效期和激励方式数据，因此 Validity 和 Type 的观测值小于总样本。

（二）趋势分析

图 1 为经济政策不确定性指数与实施股权激励上市公司数目的年度变化趋势，实线为变化趋势线，虚线为线性拟合趋势线。[3] 从整体趋势来看，经济政策不确定性与实施股权激励上市公司数目的年度变化趋势基本一致，均呈现上升趋势。从实施股权激励上市公司数目的趋势来看，随着中国资本市场的深入发展，实施股权激励计划的上市公司数目呈现逐年上升的趋势；但在部分年度（如 2007 年、2010 年和 2013 年），实施股权激励上市公司数目呈现小幅下降的趋势。从中国经济政策不确定性指数的趋势来看，2008 年、2012 年和 2016 年的经济政策不确定性指数相对较高。主要原因是，2008 年受金融危机影响，中国政府出台系列经济政策以维持市场稳定；2012 年，中国共产党第十八次全国代表大会召开，经济政策出现系列调整；而 2016 年为中华人民共和国国民经济和社会发展第十三个五年规划的开局之年，经济政策不确定性指数的波动幅度较大。

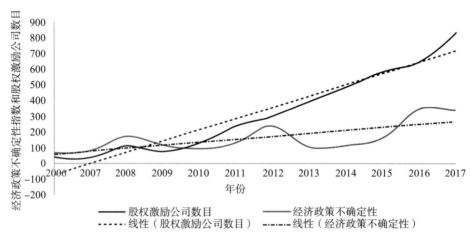

图 1　经济政策不确定性指数与实施股权激励上市公司数目的趋势对比

（三）相关性分析

表 3 报告了主要变量的相关系数矩阵。股权激励决策（Incentive）、股权激励力度（PPS）均与经济政策不确定性（EPU）显著正相关，说明在不考虑其他因素的情况下，经济政策不确定性正向影响股权激励决策，符合本文的预期。在控制变量方面，公司规模（Size）、盈利能力（ROA）、成长性（Growth）、企业价值

---

[3] 为了保证数据趋势的可比性，在趋势对比图中，采用一年内 12 个月的月度数据几何平均值进行度量，此处未除以 100。

表 3 相关性分析

变量	EPU	Incentive	PPS	Agency	Size	Leverage	ROA	SOE	Growth	Tobin's Q	Duality	Top1	Board_size
EPU	1.000												
Incentive	0.150***	1.000											
PPS	0.057***	0.501***	1.000										
Agency	0.057***	0.049***	0.019**	1.000									
Size	0.151***	0.020**	−0.010	−0.331***	1.000								
Leverage	−0.097***	−0.135***	−0.054***	−0.232***	0.418***	1.000							
ROA	0.005	0.160***	0.091***	−0.159***	0.029***	−0.362***	1.000						
SOE	−0.148***	−0.287***	−0.161***	−0.160***	0.291***	0.291***	−0.122***	1.000					
Growth	0.004	0.015*	0.007	−0.084***	0.063***	0.056***	0.158***	−0.023***	1.000				
Tobin's Q	0.029***	0.099***	0.042***	0.357***	−0.481***	−0.418***	0.256***	−0.257***	0.032***	1.000			
Duality	−0.081***	−0.129***	−0.074***	−0.084***	0.139***	0.148***	−0.052***	0.282***	−0.002	−0.134***	1.000		
Top1	−0.063***	−0.086***	−0.055***	−0.190***	0.245***	0.062***	0.113***	0.225***	0.038***	−0.100***	0.067***	1.000	
Board_size	−0.113***	−0.088***	−0.032***	−0.115***	0.254***	0.166***	−0.001	0.280***	−0.008	−0.183***	0.177***	0.035***	1.000

注: *、** 和*** 分别表示在 10%、5% 和 1% 的统计水平上显著, 均为双尾。

(Tobin's Q)与股权激励决策(Incentive)显著正相关,说明上市公司的规模越大、盈利能力越强、成长性越好、公司价值越高,上市公司实施股权激励的可能性越大。财务杠杆(Leverage)、产权性质(SOE)、两职合一(Duality)、第一大股东持股比例(Top1)、董事会规模(Board_size)与股权激励决策(Incentive)显著负相关,说明上市公司财务杠杆越高、公司为国有企业、董事长和总经理为同一人、第一大股东的持股比例越大、公司董事会规模越大,上市公司实施股权激励的可能性越小。

(四)回归分析

表4报告了宏观经济政策不确定性对上市公司股权激励的回归结果。在第(1)列和第(2)列宏观经济政策不确定性(EPU)对股权激励决策(Incentive)的回归中,EPU的回归系数分别为0.398和0.182,且均在1%的统计水平上显著;在第(3)列和第(4)列宏观经济政策不确定性(EPU)对股权激励力度(PPS)的回归中,EPU的回归系数分别为0.040和0.018,也均在1%的统计水平上显著。以上回归结果支持本文假设,说明当宏观经济政策不确定性上升时,公司面临的外部风险加大,为了缓解股东与管理层之间的风险承担代理问题,上市公司倾向于在经济政策不确定性上升时实施股权激励以激发高管的积极性,且倾向于实施更大力度的股权激励。

表4 宏观经济政策不确定性与股权激励

变量	Incentive		PPS	
	(1)	(2)	(3)	(4)
EPU	0.398***	0.182***	0.040***	0.018***
	(22.49)	(7.73)	(8.77)	(3.25)
Size		0.442***		0.018***
		(11.65)		(3.01)
Leverage		−0.797***		0.067**
		(−4.07)		(2.23)
ROA		5.743***		0.964***
		(9.16)		(8.05)
SOE		−1.892***		−0.193***
		(−15.59)		(−13.15)
Growth		−0.066***		−0.008***
		(−3.11)		(−2.92)

(续表)

变量	Incentive		PPS	
	(1)	(2)	(3)	(4)
Tobin's Q		0.024		−0.004
		(1.59)		(−1.19)
Duality		−0.258***		−0.049**
		(−3.52)		(−2.57)
Top1		−1.001***		−0.134***
		(−3.88)		(−2.93)
Board_size		−0.039*		0.003
		(−1.71)		(0.98)
Industry	不控制	控制	不控制	控制
常数项	−2.490***	−10.372***	0.073***	−0.192
	(−59.99)	(−12.30)	(7.60)	(−1.57)
样本量	23 281	23 243	23 281	23 281
Adj.R^2	0.025	0.190	0.003	0.0397

注:回归中已对 t 值进行了公司层面的聚类处理;***、**、*分别表示在1%、5%和10%的统计水平上显著,均为双尾。

五、进一步分析

(一)代理问题

经济政策不确定性越高,企业面临的外部风险越大。由于代理问题的存在,在外部风险上升的情况下,管理者会做出更有利于自身利益的决策,而不是出于股东利益的角度进行决策。为了缓解股东与管理层之间的委托代理问题,在经济政策不确定性上升的情况下,股东有动机对公司管理者实施股权激励以激发高管的积极性。

为了检验经济政策不确定性对股权激励的影响路径,本文参考李文贵等(2017)的方法,采用管理费用率(管理费除以营业总收入)作为代理成本的变量,构建 Logit 模型进行检验。

$$\text{Incentive}_{i,t} = \beta_0 + \beta_1 \text{EPU}_t + \beta_2 \text{Agency}_{i,t} + \beta_3 \text{EPU}_t \times \text{Agency}_{i,t} + \beta_4 \text{Size}_{i,t} + \\ \beta_5 \text{Leverage}_{i,t} + \beta_6 \text{ROA}_{i,t} + \beta_7 \text{SOE}_{i,t} + \beta_8 \text{Growth}_{i,t} + \beta_9 \text{Tobin's Q}_{i,t} + \\ \beta_{10} \text{Duality}_{i,t} + \beta_{11} \text{Top1}_{i,t} + \beta_{12} \text{Board\_size}_{i,t} + \text{Industry} + \varepsilon_{i,t} \quad (3)$$

模型(3)是在模型(1)的基础上增加了代理成本(Agency)以及经济政策不确定性与代理成本的交互项(EPU×Agency)。代理成本(Agency)越大,表明企业面临的代理问题越严重。交互项变量衡量经济政策不确定性与代理成本的交互作用,若交互项变量 EPU×Agency 的系数 β_3 显著为正,则表明经济政策不确定性越高,代理问题越严重的公司实施股权激励的可能性越大。

表 5 汇报了考虑代理问题即模型(3)的回归结果。经济政策不确定性与代理问题交互项(EPU×Agency)的系数为 0.315,在 10% 的统计水平上显著。这说明在控制其他影响因素的情况下,当经济政策不确定性上升时,代理问题严重的上市公司越有可能实施股权激励以激发管理层的积极性,使高管在外部风险加剧的情形下做出更有利于股东的经营决策。

表 5　宏观经济政策不确定性、代理问题与股权激励决策

变量	Incentive
EPU	0.144***
	(4.39)
Agency	−0.011
	(−0.02)
EPU×Agency	0.315*
	(1.66)
Size	0.447***
	(11.68)
Leverage	−0.754***
	(−3.85)
ROA	6.036***
	(9.53)
SOE	−1.895***
	(−15.58)
Growth	−0.063***
	(−2.99)
Tobin's Q	0.016
	(1.06)
Duality	−0.256***
	(−3.50)
Top1	−0.971***
	(−3.74)

（续表）

变量	Incentive
Board_size	−0.039*
	(−1.73)
Industry	控制
常数项	−10.492***
	(−12.21)
样本量	23 243
Adj.R^2	0.190

注：回归中已对 t 值进行了公司层面的聚类处理；***、**、*分别表示在1%、5%和10%的统计水平上显著，均为双尾。

（二）股权激励有效期

经济政策不确定性会对股权激励有效期产生影响。当经济政策不确定性较低时，企业面临的外部宏观经营环境较为稳定，股东有动机从企业长期战略角度考虑，对高管实施时间较长的股权激励计划。当经济政策不确定性较高时，公司会根据外部宏观环境的变化，不断地调整长期战略规划、商业模式和财务模式以适应宏观环境的变化；公司还会根据长期战略规划、商业模式和财务模式的变化，因地制宜地设计出适用的股权激励计划。因此，当经济政策不确定性较高时，公司会倾向于设计更灵活、有效期更短的股权激励计划。

为了检验经济政策不确定性对股权激励有效期的影响，针对实施股权激励的样本公司，本文构建OLS模型（4）进行实证检验：

$$\text{Validity}_{i,t} = \beta_0 + \beta_1 \text{EPU}_t + \beta_2 \text{Size}_{i,t} + \beta_3 \text{Leverage}_{i,t} + \beta_4 \text{ROA}_{i,t} + \beta_5 \text{SOE}_{i,t} + \beta_6 \text{Growth}_{i,t} + \beta_7 \text{Tobin's Q}_{i,t} + \beta_8 \text{Duality}_{i,t} + \beta_9 \text{Top1}_{i,t} + \beta_{10} \text{Board\_size}_{i,t} + \text{Industry} + \varepsilon_{i,t} \quad (4)$$

其中，被解释变量Validity表示股权激励有效期，采用股权激励计划所规定的股权激励有效期来度量，以年为单位。根据中国证券监督管理委员会的规定，上市公司股权激励有效期最短为1年，最长不能超过10年。解释变量EPU表示经济政策不确定性。根据上文的推论，预期模型（4）中EPU的回归系数 β_1 显著为负。

从表6可知，在第（1）列和第（2）列经济政策不确定性（EPU）对股权激励有效期（Validity）的回归中，EPU的回归系数分别为−0.171和−0.142，均在1%的统计水平上显著。上述结果说明当经济政策不确定性较高时，上市公司面临的未来不确定性较大，公司倾向于设计较灵活、有效期较短的股权激励计划。

表 6　经济政策不确定性与股权激励有效期及股权激励方式

变量	Validity		Type	
	(1)	(2)	(3)	(4)
EPU	−0.171***	−0.142***	0.554***	0.593***
	(−6.30)	(−5.28)	(14.82)	(13.44)
Size		0.104**		−0.089
		(2.34)		(−1.07)
Leverage		−0.490**		−0.280
		(−2.37)		(−0.61)
ROA		0.534		0.760
		(0.72)		(0.60)
SOE		1.355***		−0.592**
		(8.31)		(−2.15)
Growth		0.017		0.032
		(0.42)		(0.37)
Tobin's Q		−0.007		0.063**
		(−0.51)		(2.16)
Duality		−0.011		0.380***
		(−0.18)		(2.76)
Top1		0.657***		−0.023
		(2.62)		(−0.05)
Board_size		0.005		0.051
		(0.23)		(1.16)
Industry	不控制	控 制	不控制	控 制
常数项	5.004***	2.087**	−0.946***	−1.027
	(78.58)	(2.27)	(−10.51)	(−0.56)
样本量	1 663	1 663	3 030	3 029
Adj.R^2	0.023	0.228	0.056	0.091

注：回归中已对 t 值进行了公司层面的聚类处理；***、**、*分别表示在1%、5%和10%的统计水平上显著，均为双尾。

（三）股权激励方式

经济政策不确定性的上升会影响上市公司的股权激励方式。上市公司实施股权激励的方式主要有三种：股票期权、限制性股票和股票增值权。[4] 目前，股票期权和限制性股票是上市公司所采用的主要激励方式。相对于股票期权激励方式，限制性股票的授予价格最低可为股价的50%，未来收益空间较大，对激励对象的吸引力较大；相对于股票期权的原价与"股价倒挂"所致的不可行权风险，限制性股票可以规避不可行权风险；限制性股票要求激励对象当期出资，因为激励对象的资金沉淀后，其留在公司的意愿会更强。

当经济政策不确定性较高时，公司更倾向于采用限制性股票的激励方式。具体理由如下：第一，从股票期权行权角度考虑，若在经济政策不确定性较高时推出股票期权，股票期权会较为昂贵而使高管预期无法有效行权。Pástor and Veronesi(2013)发现在经济疲软阶段，经济政策不确定性上升带来的风险溢价更大，会降低政府为市场提供的隐性看跌保护的价值，使得股市波动更大、股票的相关性更强。经济政策不确定性在股票期权市场上会被定价，内在价值基于政治事件变动的股票期权会更加昂贵(Kelly et al.,2016)。第二，限制性股票相对股票期权的约束力和惩罚性更大。当经济政策不确定性较高时，采用限制性股票的激励方式可以更好地限制公司高管的短视行为。因此，经济政策不确定性越高，公司越倾向于推出限制性股票来激励公司高管。

为了检验经济政策不确定性对股权激励方式的影响，针对实施股权激励的样本公司，本文构建Probit模型(5)进行实证检验：

$$\text{Type}_{i,t} = \beta_0 + \beta_1 \text{EPU}_t + \beta_2 \text{Size}_{i,t} + \beta_3 \text{Leverage}_{i,t} + \beta_4 \text{ROA}_{i,t} + \beta_5 \text{SOE}_{i,t} + \beta_6 \text{Growth}_{i,t} + \beta_7 \text{Tobin's Q}_{i,t} + \beta_8 \text{Duality}_{i,t} + \beta_9 \text{Top1}_{i,t} + \beta_{10} \text{Board\_size}_{i,t} + \text{Industry} + \varepsilon_{i,t} \tag{5}$$

其中，被解释变量Type表示股权激励方式。若激励标的物为限制性股票，则取值为1；若激励标的物为股票期权，则取值为0。解释变量EPU表示经济政策不确定性。根据上文的推论，预期模型(5)中EPU的回归系数β_1显著为正。

从表6可知，在第(3)列和第(4)列经济政策不确定性(EPU)对股权激励方式(Type)的回归中，EPU的回归系数分别为0.554和0.593，均在1%的统计水

---

[4] 股票期权是指上市公司给予企业高级管理人员和技术骨干在一定期限内按事先约定的价格购买公司普通股的权利。限制性股票是指上市公司按照预先确定的条件授予激励对象一定数量的本公司股票，被激励对象只有在工作年限或业绩目标符合股权激励计划规定的条件下才可以出售限制性股票并从中获益。股票增值权是指公司授予被激励对象的一种权利，如果公司股价上升，那么激励对象可以通过行权获得相应数量的股价升值收益，被激励对象不必为行权付出现金，行权后获得现金或等值的公司股票。

平上显著。这说明当经济政策不确定性上升时，上市公司更倾向于采用限制性股票的激励方式，以此更好地限制公司高管在外部风险加剧情形下的短视行为。

六、稳健性检验

（一）替换经济政策不确定性度量方法

经济政策不确定性是本文的重要解释变量。为了保证度量的可靠性，本文参考饶品贵和徐子慧（2017）的方法，对经济政策不确定性指数进行两种处理。处理方法之一是将经济政策不确定性指数设定为虚拟变量，记为 EPU dummy，若 EPU 大于中位数，EPU dummy 取值为 1，否则 EPU dummy 取值为 0。处理方法之二是将指数 EPU 排序后分为 5 组，标准化为 0—1 变量，记为 EPU standardization。方法二吸取了连续变量与虚拟变量的优点。

采用经济政策不确定性替代指标衡量的回归结果如表 7 所示。第（1）列和第（2）列被解释变量为股权激励决策（Incentive），经济政策不确定性替代指标（EPU dummy 和 EPU standardization）的回归系数均在 1% 的统计水平上显著为正。第（3）列和第（4）列的被解释变量为股权激励力度（PPS），经济政策不确定性替代指标的回归系数也均在 1% 的统计水平上显著为正。上述结果表明本文研究结果稳健。

表 7　替换经济政策不确定性度量方法的回归结果

变量	Incentive		PPS	
	（1）	（2）	（3）	（4）
EPU dummy	0.365***		0.033***	
	(8.72)		(3.79)	
EPU standardization		0.134***		0.012***
		(8.33)		(3.81)
Size	0.450***	0.019***	0.450***	0.019***
	(12.24)	(3.36)	(12.11)	(3.28)
Leverage	−0.845***	0.063**	−0.805***	0.066**
	(−4.33)	(2.09)	(−4.11)	(2.19)
ROA	5.823***	0.967***	5.703***	0.963***
	(9.25)	(8.02)	(9.11)	(7.98)

(续表)

变量	Incentive		PPS	
	(1)	(2)	(3)	(4)
SOE	−1.905***	−0.194***	−1.898***	−0.194***
	(−15.71)	(−13.38)	(−15.64)	(−13.25)
Growth	−0.063***	−0.008***	−0.065***	−0.008***
	(−3.02)	(−2.86)	(−3.04)	(−2.85)
Tobin's Q	0.017	−0.004	0.027*	−0.003
	(1.14)	(−1.23)	(1.80)	(−1.05)
Duality	−0.263***	−0.049***	−0.258***	−0.049**
	(−3.59)	(−2.60)	(−3.52)	(−2.58)
Top1	−1.037***	−0.137***	−1.024***	−0.136***
	(−4.04)	(−3.04)	(−3.98)	(−3.00)
Board_size	−0.043*	0.003	−0.041*	0.003
	(−1.88)	(0.88)	(−1.80)	(0.93)
Industry	控制	控制	控制	控制
常数项	−10.328***	−10.602***	−0.195	(−1.78)
	(−12.34)	(−12.73)	(−1.60)	(−1.78)
样本量	23 243	23 243	23 281	23 281
Adj.R^2	0.190	0.190	0.0397	0.0397

注:回归中已对 t 值进行了公司层面的聚类处理;***、**、*分别表示在1%、5%和10%的统计水平上显著,均为双尾。

(二)倾向得分匹配法

为了控制样本的选择性偏差,本文采用倾向得分匹配法(PSM)检验经济政策不确定性对股权激励的影响。为了运用倾向得分匹配法,本文界定了实施股权激励公司和未实施股权激励公司,并将实施股权激励的公司作为处理组,未实施股权激励的公司作为控制组。参考 Chang et al.(2015)、Li et al.(2015)及田轩和孟清扬(2018)的方法,本文选取的配对因素包括:公司规模(Size)、财务杠杆(Leverage)、盈利能力(ROA)、产权性质(SOE)、企业价值(Tobin's Q)、第一大股东持股比例(Top1)、代理成本(Agency)、两职合一(Duality)、董事会规模(Board_size)、市账比(MB)和资本密集度(CI)。

表8报告了配对样本的回归结果。第(1)列的被解释变量为股权激励决策(Incentive),经济政策不确定性(EPU)的回归系数在1%的统计水平上显著为

正。第(2)列的被解释变量为股权激励力度(PPS),经济政策不确定性(EPU)的回归系数在1%的统计水平上显著为正。这说明在控制了样本的选择性偏差后,经济政策不确定性(EPU)与股权激励决策(Incentive)及股权激励力度(PPS)依然显著正相关。回归结果与前文一致,表明本文实证结果基本稳健。

表 8　倾向得分匹配法的回归结果

变量	Incentive (1)	PPS (2)
EPU	0.182***	0.018***
	(7.75)	(3.28)
Size	0.438***	0.021***
	(11.51)	(3.29)
Leverage	−0.792***	0.065**
	(−4.04)	(2.07)
ROA	5.685***	1.106***
	(9.01)	(8.22)
SOE	−1.873***	−0.200***
	(−15.37)	(−13.25)
Growth	−0.066***	−0.009***
	(−3.08)	(−3.06)
Tobin's Q	0.025	−0.005
	(1.62)	(−1.58)
Duality	−0.256***	−0.050***
	(−3.50)	(−2.58)
Top1	−0.997***	−0.150***
	(−3.86)	(−3.15)
Board_size	−0.039*	0.004
	(−1.70)	(1.00)
Industry	控 制	控 制
常数项	−10.265***	−0.241*
	(−12.18)	(−1.90)
样本量	22 637	22 673
Adj.R^2	0.182	0.039

注:回归中已对 t 值进行了公司层面的聚类处理;***、**、*分别表示在1%、5%和10%的统计水平上显著,均为双尾。

(三) 控制遗漏变量问题

为了缓解遗漏变量问题的干扰,本文参考吕长江等(2009)、Chang et al. (2015)、Li et al.(2015)及孟庆斌和师倩(2017)的方法,在控制变量中加入市账比(MB)、每股收益(EPS)、地区市场化程度(Market)、各省份 GDP 水平(各省份的 GDP 增长率)。

表 9 汇报了控制遗漏变量问题后的回归结果。第(1)列的被解释变量为股权激励决策(Incentive),经济政策不确定性(EPU)的回归系数为 0.182,在 1% 的统计水平上显著。第(2)列的被解释变量为股权激励力度(PPS),经济政策不确定性(EPU)的回归系数为 0.015,在 1% 的统计水平上显著。这说明在控制遗漏变量问题后,经济政策不确定性(EPU)与股权激励决策(Incentive)及股权激励力度(PPS)依然显著正相关。回归结果与前文一致,表明本文实证结果基本稳健。

表 9　控制遗漏变量问题的回归结果

变量	Incentive (1)	PPS (2)
EPU	0.182***	0.015***
	(7.50)	(2.76)
Size	0.546***	0.023***
	(13.36)	(3.30)
Leverage	−0.383*	0.098***
	(−1.78)	(3.04)
ROA	6.700***	0.981***
	(8.34)	(7.01)
SOE	−1.735***	−0.178***
	(−13.97)	(−11.99)
Growth	−0.065***	−0.008***
	(−2.81)	(−2.98)
Tobin's Q	0.002	−0.005
	(0.12)	(−1.42)
Duality	−0.237***	−0.047**
	(−3.10)	(−2.43)

（续表）

变量	Incentive (1)	PPS (2)
Top1	−1.056***	−0.131***
	(−3.93)	(−2.87)
Board_size	−0.039*	0.003
	(−1.65)	(0.87)
MB	−0.365***	−0.020***
	(−5.04)	(−3.42)
EPS	−0.227***	−0.013*
	(−3.99)	(−1.83)
Market	0.005	−0.001
	(0.50)	(−0.70)
GDP	0.317***	0.032***
	(4.94)	(4.04)
Industry	控 制	控 制
常数项	−15.745***	−0.603***
	(−13.83)	(−3.87)
样本量	22 330	22 366
Adj.R^2	0.205	0.0406

注：回归中已对 t 值进行了公司层面的聚类处理；***、**、*分别表示在1%、5%和10%的统计水平上显著，均为双尾。

（四）控制内生性问题

政府部门在制定经济政策的过程中会考虑微观企业的行为，而上市公司的决策行为也可能会对中国经济政策不确定性产生影响。因此，本文参考 Gulen and Ion(2016)，将美国经济政策不确定性作为外生工具变量进行稳健性检验。

本文提取与美国经济政策不确定性指数正交的中国经济政策不确定性指数，去除经济政策不确定性指数的混淆部分，将剩余部分作为中国经济政策不确定性的代理变量并重新估计回归结果，具体模型如下：

$$EPU_{China,t} = \beta_0 + \beta_1 EPU_{USA,t} + \beta_2 Size_{i,t} + \beta_3 Leverage_{i,t} + \beta_4 ROA_{i,t} + \beta_5 SOE_{i,t} + \beta_6 Growth_{i,t} + \beta_7 Tobin's\ Q_{i,t} + \beta_8 Duality_{i,t} + \beta_9 Top1_{i,t} + \beta_{10} Board\_size_{i,t} + Industry + \varepsilon_{i,t} \quad (6)$$

在模型(6)中，EPU_{USA} 表示 Baker et al.(2016)构建的美国经济政策不确定性指数,EPU_{China} 表示中国经济政策不确定性指数。将回归残差 ε 作为排除美国经济政策不确定性对中国影响后的中国经济政策不确定性的代理指标(EPU pure),并将其代入模型(1)和模型(2)进行回归。

表 10 汇报了控制内生性问题后的回归结果。第(1)列的被解释变量为股权激励决策(Incentive),经济政策不确定性(EPU pure)的回归系数为 0.013,在 1% 的统计水平上显著。第(2)列的被解释变量为股权激励力度(PPS),经济政策不确定性(EPU pure)的回归系数为 0.001,在 1% 的统计水平上显著。这说明在控制内生性问题后,经济政策不确定性(EPU pure)与股权激励决策(Incentive)及股权激励力度(PPS)依然显著正相关。回归结果与前文一致,表明本文实证结果基本稳健。

表 10 控制内生性问题的回归结果

变量	Incentive (1)	PPS (2)
EPU pure	0.013***	0.001***
	(7.74)	(3.26)
Size	0.468***	0.021***
	(12.75)	(3.65)
Leverage	−0.782***	0.069**
	(−3.98)	(2.28)
ROA	5.362***	0.926***
	(8.52)	(7.63)
SOE	−1.883***	−0.192***
	(−15.50)	(−13.04)
Growth	−0.062***	−0.007***
	(−2.92)	(−2.74)
Tobin's Q	0.049***	−0.001
	(3.16)	(−0.39)
Duality	−0.249***	−0.048**
	(−3.40)	(−2.52)
Top1	−1.066***	−0.140***
	(−4.15)	(−3.10)
Board_size	−0.043*	0.003
	(−1.89)	(0.87)

（续表）

变量	Incentive (1)	PPS (2)
Industry	控制	控制
常数项	−12.292***	−0.383***
	(−15.08)	(−3.29)
样本量	23 243	23 281
Adj.R^2	0.190	0.0397

注：回归中已对 t 值进行了公司层面的聚类处理；***、**、*分别表示在1%、5%和10%的统计水平上显著，均为双尾。

七、研究结论

本文基于委托代理理论探讨了经济政策不确定性对上市公司股权激励的影响及作用机理，并在此基础上利用中国上市公司2006—2017年的数据对该问题进行了实证检验。本文发现：第一，当经济政策不确定性上升时，上市公司更有可能实施股权激励；第二，随着经济政策不确定性上升，公司实施股权激励的力度也越大；第三，代理问题严重的上市公司更有可能在经济政策不确定性上升时实施股权激励；第四，经济政策不确定性越高，上市公司实施股权激励的有效期越短，并且越有可能采用限制性股票的激励方式。

本文拓展了经济政策不确定性经济后果以及股权激励影响因素的研究，具有较强的政策启示意义。第一，本文的研究发现可以为上市公司股权激励计划的设计提供参考依据。面对不断波动的宏观环境不确定性，上市公司在设计股权激励计划时应该考虑经济政策不确定性上升对企业战略、商业模式和财务模式的影响，设计更加灵活的股权激励计划以激发高管的积极性，减少委托代理问题。第二，相关监管机构在出台政策引导和规范上市公司的股权激励行为时，应注重相关政策披露的及时性、透明性、连续性及一致性，避免因相关政策频繁调整而带来的经济政策不确定性。

参 考 文 献

陈胜蓝,刘晓玲,2018.经济政策不确定性与公司商业信用供给[J].金融研究(5):172-190.
陈艳艳,2015.员工股权激励的实施动机与经济后果研究[J].管理评论,27(9):163-176.
樊纲,王小鲁,朱恒鹏,2011.中国市场化指数：各地区市场化相对进程报告[M].北京:经济科学出版社.

韩国高,2014.政策不确定性对企业投资的影响:理论与实证研究[J].经济管理,36(12):62-71.

李文贵,余明桂,钟慧洁,2017.央企董事会试点、国有上市公司代理成本与企业绩效[J].管理世界(8):123-135.

刘井建,纪丹宁,王健,2017.高管股权激励计划、合约特征与公司现金持有[J].南开管理评论,20(1):43-56.

吕长江,严明珠,郑慧莲,等,2011.为什么上市公司选择股权激励计划[J].会计研究(1):68-75.

吕长江,郑慧莲,严明珠,等,2009.上市公司股权激励制度设计:是激励还是福利[J].管理世界(9):133-147.

孟庆斌,师倩,2017.宏观经济政策不确定性对企业研发的影响:理论与经验研究[J].世界经济,40(9):75-98.

饶品贵,徐子慧,2017.经济政策不确定性影响了企业高管变更吗[J].管理世界(1):145-157.

饶品贵,岳衡,姜国华,2017.经济政策不确定性与企业投资行为研究[J].世界经济,40(2):27-51.

沈红波,潘飞,高新梓,2012.制度环境与管理层持股的激励效应[J].中国工业经济(8):96-108.

田轩,孟清扬,2018.股权激励计划能促进企业创新吗[J].南开管理评论,21(3):176-190.

王栋,吴德胜,2016.股权激励与风险承担:来自中国上市公司的证据[J].南开管理评论,19(3):157-167.

王红建,李青原,邢斐,2014.经济政策不确定性、现金持有水平及其市场价值[J].金融研究(9):53-68.

王琨,徐艳萍,2015.家族企业高管性质与薪酬研究[J].南开管理评论,18(4):15-25.

郑立东,程小可,姚立杰,2014.经济政策不确定性、行业周期性与现金持有动态调整[J].中央财经大学学报(12):68-78.

郑志刚,梁昕雯,黄继承,2017.中国上市公司应如何为独立董事制定薪酬激励合约[J].中国工业经济(2):174-192.

支晓强,孙健,王永妍,等,2014.高管权力、行业竞争对股权激励方案模仿行为的影响[J].中国软科学(4):111-125.

ABERNETHY M A, KUANG Y F, QIN B, 2015. The influence of CEO power on compensation contract design[J]. The accounting review, 90(4): 1265-1306.

ARMSTRONG C S, VASHISHTHA R, 2012. Executive stock options, differential risk-taking incentives, and firm value[J]. Journal of financial economics, 104(1): 70-88.

BAKER S R, BLOOM N, DAVIS S J, 2016. Measuring economic policy uncertainty[J]. The quarterly journal of economics, 131(4): 1593-1636.

BRISLEY N, 2006. Executive stock options: early exercise provisions and risk-taking incentives[J]. The journal of finance, 61(5): 2487-2509.

CHANG X, FU K, LOW A, et al., 2015. Non-executive employee stock options and corporate innovation[J]. Journal of financial economics, 115(1): 168-188.

CHEN Z, CIHAN M, JENS C, 2018. Political uncertainty and firm investment: project-level evidence from M&A activity[R]. Working paper.

CORE J E, GUAY W R, 2001. Stock option plans for non-executive employees[J]. Journal of financial economics, 61(2): 253-287.

FENG Y, 2001. Political freedom, political instability, and policy uncertainty: a study of political institutions and private investment in developing countries[J]. International studies quarterly, 45(2):

271-294.

GULEN H, ION M, 2016. Policy uncertainty and corporate investment[J]. The review of financial studies, 29(3): 523-564.

JENSEN M C, MECKLING W H, 1976. Theory of the firm: managerial behavior, agency costs and ownership structure[J]. Journal of financial economics, 3(4): 305-360.

JULIO B, YOOK Y, 2012. Political uncertainty and corporate investment cycles[J]. The journal of finance, 67(1): 45-83.

KANG Q, LIU Q, 2008. Stock trading, information production, and executive incentives[J]. Journal of corporate finance, 14(4): 484-498.

KELLY B, PÁSTOR L', VERONESI P, 2016. The price of political uncertainty: theory and evidence from the option market[J]. The journal of finance, 71(5): 2417-2480.

KEMPF A, RUENZI S, THIELE T, 2009. Employment risk, compensation incentives, and managerial risk taking: evidence from the mutual fund industry[J]. Journal of financial economics, 92(1): 92-108.

KIM H, KUNG H, 2017. The asset redeploy ability channel: how uncertainty affects corporate investment[J]. The review of financial studies, 30(1): 245-280.

LE Q V, ZAK P J, 2006. Political risk and capital flight[J]. Journal of international money and finance, 25(2): 308-329.

LI B, MEGGINSON W L, SHEN Z, et al., 2015. Do share issue privatizations really improve firm performance in China[R]. Working paper.

LOW A, 2009. Managerial risk-taking behavior and equity-based compensation[J]. Journal of financial economics, 92(3): 470-490.

MINNICK K, UNAL H, YANG L, 2011. Pay for performance? CEO compensation and acquirer returns in BHCs[J]. The review of financial studies, 24(2): 439-472.

ÇOLAK G, DURNEV A, QIAN Y, 2017. Political uncertainty and IPO activity: evidence from US gubernatorial elections[J]. Journal of financial and quantitative analysis, 52(6): 2523-2564.

PENG L, RÖELL A, 2014. Managerial incentives and stock price manipulation[J]. The journal of finance, 69(2): 487-526.

PINTO H, WIDDICKS M, 2014. Do compensation plans with performance targets provide better incentives[J]. Journal of corporate finance, 29: 662-694.

PÁSTOR L', VERONESI P, 2013. Political uncertainty and risk premia[J]. Journal of financial economics, 110(3): 520-545.

RAVIV A, SISLI-CIAMARRA E, 2013. Executive compensation, risk taking and the state of the economy[J]. Journal of financial stability, 9(1): 55-68.

新冠肺炎疫情与媒介依赖
——基于资讯类 App 大数据的证据

袁东彤　曾建光　杨　勋　操　群　李　琦*

摘　要　自新冠肺炎疫情暴发以来,移动互联网 App 上充斥着各种新闻、传闻甚至谣言。鉴于武汉疫情的突发性,又是发生在春节假期期间,那么,App 用户如何分配个人有限的时间资源？也即,移动互联网资讯类 App 用户的媒介依赖有何变化？基于新冠肺炎疫情这一自然实验场景,基于移动互联网资讯类 App 用户行为的大数据,采用与 2020 年农历同期的 2019 年 App 用户行为大数据作为控制组,本文考察新冠肺炎疫情对移动互联网资讯类 App 用户的媒介依赖影响程度。研究发现,在新冠肺炎疫情期间的除夕之后,App 用户的人均使用时间更长,人均启动次数更多,即 App 用户的媒介依赖度更强。进一步研究发现,在 App 内容越专业、App 关注度越高以及网络效应越低的情景之下,App 用户的媒介依赖度越强。本文的研究表明,面对突发公共卫生疫情,社会公众对疫情发展的相关信息有强烈的社会需求,如何通过移动互联网正向引导社会公众可能产生的负面情绪,成为互联网时代公共卫生管理的新契机和新挑战。此外,本文的研究为媒介依赖理论提供了大数据的实证证据,同时也为有效推进我国公共卫生预期机制提供了"移动互联网+"的视角。

关键词　新冠肺炎疫情　App　大数据　媒介依赖

---

* 袁东彤,西南财经大学金融学院;曾建光,重庆大学经济与工商管理学院;杨勋,重庆大学公共管理学院;操群,澳门科技大学商学院;李琦,重庆锐云科技有限公司。通信作者:曾建光,E-mail:zengjg@pku.edu.cn。本文得到重庆市社会科学规划项目(2020YBGL80)、中央高校基本科研业务费项目(2020CDJSK01XK02)、重庆市留学人员回国创业创新支持计划项目(cx2019154 和 cx2020119)、国家自然科学基金项目(31700964 和 71572152)、重庆大学教学改革研究项目(2019Y04)、重庆市科学技术局项目(cstc2020jcyj-msxmX0817)以及锐云科技—重庆大学数据分析与技术研究合作(H20191304)的资助。当然,文责自负。

COVID-19 Pandemic and Media Dependency: Evidence from News Apps Big Data in China

DONGTONG YUAN   JIANGUANG ZENG   XUN YANG

QUN CAO   QI LI

Abstract   As an important way of stopping the COVID-19 pandemic, people are suggested to stay at home to protect themselves. However, how to know about the latest news on COVID-19 becomes very important for their judgment and decision. Therefore, more and more people would rely on smart phones to surf for instant information. Based on the natural experiment of COVID-19 pandemic, this paper investigates how the news Apps impacted people's receiving news from smart phones. We find that people significantly spent more time on news Apps and started the news Apps more frequently. Furthermore, we find this phenomenon is more significant for the more professional media with stronger network effects. These results show that the media dependency exits on news Apps as on the traditional media. This paper provides evidence on applicability of the theory of the media dependency on emerging market.

Key words   COVID-19; App; Big Data; Media Dependency

一、引　言

公共卫生安全一直是党和国家领导人密切关注的社会问题，党和国家领导人习近平同志在 2020 年 1 月 20 日"专门就疫情防控工作作出批示，指出必须高度重视疫情，全力做好防控工作，要求各级党委和政府及有关部门把人民群众生命安全和身体健康放在第一位，采取切实有效措施，坚决遏制疫情蔓延势头"[1]。同时，公共卫生安全也涉及每个社会公众的切身利益，甚至是攸关生命安危的问题，因此获取公共安全的相关信息自然成为社会公众的必然选择。在互联网时代，由于信息生产、信息传递以及信息获取的成本非常低，在一定程度上形成了信息泛滥的局面。那么，信息使用者如何有效分配有限的时间资源？而信息生产者又如何有效竞争以吸引用户有限的注意力呢？

中国互联网络信息中心 2019 年 8 月 30 日发布的第 44 次《中国互联网络

---

[1] 习近平在中央政治局常委会会议研究应对新冠肺炎疫情工作时的讲话，人民网，http://cpc.people.com.cn/n1/2020/0215/c64094-31588554.html [2020-2-15]。

发展状况统计报告》显示:我国手机网民规模达8.47亿,网民使用手机上网的比例达99.1%,用户月均使用移动流量达7.2GB(中国互联网络信息中心,2019)。从这一统计报告可知,信息生产者要竞争到足够的客户,必须重视移动用户,开发出满足用户需求的移动App应用程序;同时,通过这些App,信息生产者可以采用大数据的方法,获取和分析更多的用户需求以及潜在的用户需求,从而留住用户,进而达成相应的商业目标;当App用户的需求越来越多地得到满足之后,他们也就习惯性地从App获取所需的信息,由此形成基于移动互联网的媒介依赖。但是,当突发的公共卫生安全事件发生之后,基于移动互联网资讯类App的媒介依赖会有何变化呢?

为了有效地探讨这一问题,本文以2020年年初武汉市暴发的新冠肺炎疫情作为自然实验,基于移动互联网资讯类App用户行为的大数据,采用与2020年农历同期的2019年的App用户行为大数据作为控制组,考察新冠肺炎疫情对移动互联网资讯类App用户的媒介依赖影响程度。研究发现,在新冠肺炎疫情期间的除夕之后,App用户在App上分配的时间资源越多,启动次数也越多,即App用户的媒介依赖越强烈。本文的研究表明,面对突发公共卫生疫情,社会公众对疫情发展的相关信息有强烈的需求,如何通过移动互联网正向引导社会公众可能的负面情绪,成为互联网时代,特别是移动互联网时代公共卫生管理的新契机和新挑战。

本文潜在的研究贡献在于:第一,本文的研究在一定程度上延展了现有的媒介依赖理论(Ball-Rokeach and DeFleur,1976)在移动互联网市场上的应用;同时,本文尝试采用App用户的日均使用时间和日均使用次数来刻画媒介依赖度,并为之提供实证证据,在一定程度上填补现有的媒介依赖理论的测度空白,为我们重新检验现有的媒介依赖理论及其在移动互联网市场上的适用性,甚至为完善现有的媒介依赖理论做出一项尝试。第二,现有的媒介依赖大多基于问卷调查得到,难免存在一定的样本选择及遗漏变量等内生性问题,导致结论的可信性受到影响;本文则采用新冠肺炎疫情作为自然实验,基于大数据得到用户真实使用的启动数据和使用时长数据,使得对于媒介依赖的观察更直接,也更具可信性,为媒介依赖理论提供大数据的实证证据。第三,现有的媒介依赖理论更多地以传统媒介和PC互联网作为研究对象,而在目前的中国互联网市场上,移动互联网用户规模大于PC互联网用户规模,在这一庞大的市场场景中,基于传统媒介和PC互联网的研究结论是否适用于移动互联网环境有待进一步研究;本文则是在这一背景之下,系统考察媒介依赖理论在移动互联网时代的特征表现,有助于我们系统观察媒介依赖理论的适用性,使得我们可以系统地根据媒介依赖理论进行舆论监控及舆情引导,避免不必要的社会负面效应。第四,目前我国的公共卫生安全监控系统大都基于传统互联网模式,没有系统地把 App 纳入监控系统,导致监控系统的大数据处理缺乏足够的移动互联网大数据这一重要维度;本文的研究发现为我国的公共卫生安全监控系统的升级改造提供了实证证据,同时,也有助于我国新闻监管部门更适应移动互联网时代,避免新闻噪声造成不必要的社会恐慌和社会经济损失。

本文接下来安排如下:第二部分是文献回顾与研究假设的提出;第三部分是研究设计与样本选择;第四部分是实证结果分析;第五部分是研究结论。

二、文献回顾与研究假设的提出

信息传输理论中具有里程碑意义的有损信源编码定理指出:在信息传输过程中,总可以找到一种信源编码,使编码后的信息传输率略大于信息失真率;也即,在有损信源编码允许一定信息失真率的条件下,总能找到一种信源编码以确保信息能够有效传输到信息接受者手中(Shannon,1948)。根据有损信源编码定理,同样的新闻信息,通过压缩率不同的信息渠道,增加了噪声信息,在传递到信息使用者手中之后,信息使用者根据自身的能力对信息进行解码,还原的信息就可能存在信息损失,甚至只还原了噪声信息。

在新闻市场上,我们经常能看到相同内容的新闻,只是对标题换了文字就得到迥然不同的关注度,特别是大数据和机器学习等技术的不断完善使个性化的信息传递成为可能,媒介有足够的激励去部分调整新闻内容和方向以迎合信息使用者的偏好(Tandoc Jr,2014);同时,直接接受信息使用者的资助等新型记者的存在,进一步促使网络报道的内容选择更容易为信息使用者的偏好所左右(Jian and Usher,2014)。正因为如此,媒介作为信息渠道会根据信息使用者的偏好,对原始新闻进行一定程度的失真处理,使得受众基于个人的需求和满足感而继续使用媒介(Severin and Tankard,2000),也促使信息使用者对媒介形成一定的黏性,与媒介形成相互间的依赖关系,即媒介依赖(Ball-Rokeach and DeFleur,1976)。

随着社会分工越来越细以及信息处理技术的进步,媒介承担了越来越多的信息功能,人类越来越依赖媒介来理解、认知社会(Ball-Rokeach and DeFleur,1976);媒介也帮助人类构建主观的认知世界,而这个世界对个人而言是"真实"的(Harris,2007)。通过媒介依赖,互联网能够在更广的范围内实现人们理解社会的目标(Ball-Rokeach,1998)。媒介依赖能够解释媒介信息如何影响个人的态度、情感、信念和行为(Grant,1996)。

当感知到自己所处的社会环境或自然环境受到威胁时,人们会更加依赖报纸、杂志、广播、电视等媒介(Loges,1994;Lowrey,2004)。当发生公共卫生安全事件时,人们会通过各种渠道去获取相关信息,而媒体的相关报道就成为首选的信息来源(Holland et al.,2012)。媒体的相关报道会影响受众对于威胁的认知,可能会最终决定他们的行为(Coleman and Thorson,2002)。在2003年SARS暴发期间,在感知到威胁之后,个体对媒介的依赖呈现多元化趋势,而互联网会加剧个体对非官方媒体的依赖(Tai and Sun,2007)。Lyu(2012)通过调查问卷发现,在公共卫生事件中,个体感知到的威胁越大,对互联网媒介的依赖越强,但是对传统媒体的依赖则没有发现这一现象。

Lin et al.(2020)采用问卷调查,研究发现越是依赖与流感相关的在线新闻的个人,越有可能注射流感疫苗。网络媒介依赖能够显著提升在线新闻的阅读量(Patwardhan and Yang,2003)。受众的媒介依赖正从传统媒介转向以网络和移动终端为主的新兴媒介(Jung et al.,2005;Jung,2008;Leung,2010;谢天勇和张国良,2013),网络媒介比传统媒介更容易使得信息使用者形成强劲的媒介依赖关系(谢新洲,2004)。融合了无线数字技术与电话通信的智能移动终端,通过访问移动互联网的方式使多种移动应用(App)得以运行(ITU,2009)。中国已经是智能移动终端使用者人数最多的国家(Newzoo,2019)。移动互联网的兴起,特别是移动智能终端的普及,受众对智能手机终端的媒介依赖越来越严重(Ahn and Jung,2016;Jiang and Li,2018)。从这一层面来说,媒介依赖理论可以帮助我们分析移动互联网,特别是移动智能终端App带来的影响。

媒介依赖之所以能够形成,应当从信息使用者、媒介和社会系统之间的相互关系加以考量(Ball-Rokeach and DeFleur,1976)。影响信息使用者个人对于媒介依赖的需求往往受制于那些不在个人能力控制范围之内的外部因素(Ball-Rokeach,1985)。这些外部因素限制了信息使用者获得最新信息,也限制了信息使用者从其他可选渠道获得信息(John and Foss,2009)。根据这些研究,影响信息使用者移动终端App媒介依赖的外部因素主要包括两类。

第一,疫情发展相关状况。这次的新冠肺炎疫情来得突然,对于信息使用者个人来说,疫情发展趋势和周围感染情况等都是超越个人能力范围的、无法控制的外部因素(Wang et al.,2020)。人类对于新型冠状病毒的认知需要一个过程,相关的有效治疗方案也需要一段时间的探究(Wang et al.,2020),虽然目前多种冠状病毒的分离、结构解析在病毒暴发期就已经完成,但至今仍没有特效药物,只有在临床采取"老药新用"和联合给药的策略才有可能在短时间内取得突破（陈丹龙等，2020；卓嫣等，2020）。外部因素包括春节假期中疫情引致的居家隔离状况：新型冠状病毒存在多条传染途径，并且能够人传人，减少个人暴露在多人环境之下就成为一种必然选择（Lu et al.，2020），且处于春节假期期间，信息使用者的休假方式以居家为主，以便加强人员隔离、减少人员转运，网络咨询、自我管理（廖玉华等，2020）这些外部因素，使得信息使用者可以将足够的时间资源配置给移动互联网 App。

第二，我国互联网相关产业迅猛发展。互联网的"提速降费"政策推动移动互联网流量大幅增长，手机上网流量资费水平比五年前下降超 90%（中国互联网络信息中心，2019）。移动互联网的普及率高且资费较低，移动互联网流量资费连续多年下降，2019 年 1 月 29 日工信部发布的《2018 年通信业统计公报解读》显示，近几年通信业积极落实提速降费政策，"2018 年综合价格指数同比下降 56.7%，按照每兆价格计算的固定宽带接入平均资费仅为 2014 年的十分之一"（工业和信息化部，2019）。家庭无线宽带普及率较高，农村网民数量为 2.25 亿，占网民整体数量的 26.3%（中国互联网络信息中心，2019）。国家互联网基础设施的投入，为信息使用者包括农村移动互联网用户提供了经济、实惠、快速的移动互联网接入服务。

第三，智能移动终端的普及。"2018 年，全年净增移动电话用户达到 1.49 亿户，总数达到 15.7 亿户，移动电话用户普及率达到 112.2 部/百人，比上年年末提高 10.2 部/百人；截至 2018 年 12 月底，移动宽带用户（即 3G 用户和 4G 用户）总数达 13.1 亿户，全年净增 1.74 亿户，占移动电话用户的 83.4%。4G 用户总数达到 11.7 亿户，全年净增 1.69 亿户。"（工业和信息化部，2019）。本土中文智能移动终端的强大开发能力为智能手机的普及立下了汗马功劳。智能手机的处理能力近几年得到突飞猛进的提升，使得智能移动终端的用户能够通过用户友好的图形触屏，方便快捷地打开 App。我国手机网民规模达 8.47 亿，使用手机上网的比例由 2018 年年底的 98.6% 提升到 99.1%（中国互联网络信息中心，2019）。App 开发者众多，App 开发形成了专业分工产业链，如 App 用户界面设计、大数据推荐系统、算法优化等。高度专业化的分工使得开发出的 App 非常人性化，信息使用者在使用 App 时容易形成黏性。

云计算的发展使得移动终端的处理能力日益增强，但由于移动终端依靠电池供电，如果移动终端的计算量过大，势必造成电池耗电过大、续航时间缩短。又由于网络流量资费较低，因此，大多数 App 采用云计算模式，通过网络把需要耗费资源的计算提交给云计算，再通过网络把计算结果返回给 App，这样既保证了手机电池的续航能力，又不影响用户的 App 使用体验。App 应用市场的繁荣为互联网用户提供了多样化的选择。苹果公司的"App Store"以及华为公司的"华为应用"等App应用平台,促进了App应用市场的繁荣,即使缺乏互联网使用经验的移动互联网用户也可以迅速搜索到自己所需的App应用软件,确保信息使用者不受某几个App的制约,可以充分选择自己所需的App。

总之,超越个人能力范围的疫情状况、被迫居家隔离以及App应用/软件系统等外部因素,构成了影响信息使用者App媒介依赖的社会系统(Ball-Rokeach,1985)。这些社会系统和媒介控制了信息资源,决定了信息使用者实现获知疫情相关真实情况以及期盼疫情早日结束的目标的能力,即形成了信息使用者的结构性媒介依赖(Ball-Rokeach,1985)。控制着媒介依赖形成的信息资源主要包括如下三个方面:第一,具有专业的、合法的信息收集或创造能力的信息资源,譬如持有合法证件的记者;第二,具有专业的、合法的信息处理能力的信息资源,譬如聘用专业的采编人员;第三,具有合法的信息传播能力,能够把信息传送至信息使用者手中的信息资源(DeFleur and Ball-Rokeach,1990)。我国从2013年11月1日开始,App必须在工业和信息化部备案后方可发行,并由工业和信息化部监管。[2] 目前发行的App都有合法的相关许可证,比如凤凰新闻App持有网络出版服务许可证、出版物经营许可证、增值电信业务经营许可证、广播电视节目制作经营许可证、网络文化经营许可证。因此,在我国发行的App构成了媒介依赖的媒介系统。

综合以上分析可知,在移动互联网市场上,感知社会生活中正在发生的事件的信息使用者个人、控制信息资源的App媒介系统、由外部因素构成的新冠肺炎疫情社会系统,这三者共同形成了新冠肺炎疫情之下的App媒介依赖系统(DeFleur and Ball-Rokeach,1990;Loges,1994)。媒介依赖之所以能够产生依赖的效果,可能不是因为全能的媒介或者无所不知的资讯系统,而是因为媒介在特定的社会系统里、以特定的方式满足了特定受众的需求(McQuail,2010)。而在新冠肺炎疫情暴发这一特殊期间,移动互联网App以快速、便捷和及时更新新闻的方式,借助新闻媒体的报道,提升了公众对公共卫生安全风险的认知水平(Oh et al.,2015),满足了信息使用者对于疫情状况的知情需求。由此,我们提出本文的研究假设:

假设1 在新冠肺炎疫情发生之后的春节假期期间,信息使用者的媒介依赖度更强。

---

[2]《工业和信息化部关于加强移动智能终端进网管理的通知》(工信部电管〔2013〕120号),中国政府门户网站,http://www.gov.cn/zwgk/2013-10/31/content_2518541.htm[2013-10-31]。

三、研究设计与样本选择

（一）研究设计

为了检验本文提出的假设，设定 DID 模型为：

$$Dependency = \alpha + \beta_1 CoV \times Post + \beta_2 CoV + \beta_3 Post + \beta_4 Platform + \beta_5 SOE + \beta_6 Browser + \beta_7 Value + \sum Industry + \sum Date + \varepsilon \quad (1)$$

模型(1)用来检验假设 1，模型中的 Dependency 用两个变量来度量：一个是 App 的日均使用时长（AvgHours），另一个是 App 的日均启动次数（AvgTimes），变量的具体定义如表 1 所示。本文采用模型(1)分别按 App 的日均使用时长和日均启动次数，分析在发生新冠肺炎疫情之后的春节假期期间信息使用者对 App 的媒介依赖程度。发生新冠肺炎疫情之后的春节假期期间（CoV×Post）是本文关心的变量，预期该变量的回归系数显著为正。

表 1　变量定义

变量	变量定义
AvgHours	App 的日均使用时长（小时），数据来自易观千帆的 App 大数据数据库
AvgTimes	App 的日均启动次数（次），数据来自易观千帆的 App 大数据数据库
Post	是否除夕及之后七天之内（农历新年之后），是为 1，否为 0
CoV	是否处于新冠肺炎疫情期间，是为 1，否为 0
Platform	App 所有者是否新闻平台或门户网站，是为 1，否为 0
SOE	App 最终控制人是否国有控股，是为 1，否为 0，数据来自百度爱企查的企业信用数据库
Browser	App 所有者是否浏览器厂商，是为 1，否为 0
Value	App 网络价值的自然对数，活跃用户数量平方的自然对数，根据梅特卡夫定律（Metcalfe's law）而得
Industry	App 内容所涉及的行业固定效应，行业数据来自易观千帆的 App 大数据数据库
Date	日度固定效应，日度数据来自易观千帆的 App 大数据数据库

（二）样本选择与描述统计

本文的数据来自易观千帆的 App 大数据数据库（https://qianfan.analysys.cn）；App 开发商最终控制人的所有权性质，手工收集于百度爱企查的企业信用数据库（https://aiqicha.baidu.com）；App 所有者是否新闻平台或门户网站，

App最终控制人是否国有控股以及App所有者是否浏览器厂商等数据则手工收集于App所有者官方网站的介绍。样本期间为2019年和2020年除夕前后（腊月二十三至正月初六）7天（共14天）。本文对数据进行以下处理：(1)截至2019年6月底，我国手机网络新闻的用户规模为6.6亿，网民使用率为78%（中国互联网络信息中心，2019），为了更好地测度媒介依赖度，本文只保留资讯类App；(2)为了确保App的可比性，本文只保留在样本期间存续的App。最后得到1 400个(50×28)有效观测值，具体的描述性统计结果如表2所示。

表2 描述性统计结果

Panel A：样本的描述性统计						
变量	样本量	均值	标准差	最小值	中位数	最大值
AvgHours	1 400	0.794	0.486	0.008	0.749	2.813
AvgTimes	1 400	5.942	3.256	1.065	5.538	22.217
CoV	1 400	0.500	0.500	0.000	0.500	1.000
Post	1 400	0.500	0.500	0.000	0.500	1.000
Platform	1 400	0.520	0.500	0.000	1.000	1.000
SOE	1 400	0.120	0.325	0.000	0.000	1.000
Browser	1 400	0.260	0.439	0.000	0.000	1.000
Value	1 400	29.310	3.853	19.264	28.938	38.059

Panel B：有无疫情的描述性统计差异				
变量	CoV=0(n=700) 均值(A)	CoV=1(n=700) 均值(B)	差异检验(T检验) (B)—(A)	t值
AvgHours	0.767	0.822	0.055**	2.12
AvgTimes	5.768	6.116	0.348**	2.00
Platform	0.520	0.520	0.000	0.00
SOE	0.120	0.120	0.000	0.00
Browser	0.260	0.260	0.000	0.00
Value	29.261	29.361	0.100	0.49

Panel C：样本的行业分布		
行业	样本量	占比(%)
本地资讯	28	2.00
财经资讯	28	2.00
传统媒体	56	4.00
短视频聚合平台	14	1.00

（续表）

行业	样本量	占比（%）
聚合资讯	168	12.00
军事资讯	28	2.00
汽车社区	14	1.00
汽车资讯	154	11.00
网络媒体	28	2.00
信息流资讯	770	55.00
娱乐资讯	28	2.00
政务信息	28	2.00
综合资讯	56	4.00
合计	1 400	100

注：***、**、*分别表示在1%、5%和10%的统计水平上显著。

从表2 Panel A 的描述性统计结果可以看出，媒介依赖的一种测度变量App的日均使用时长（小时）（AvgHours）的均值为0.794，中位数为0.749，最大值为2.813，最小值为0.008，最大值和最小值之间的差距较大，这表明样本App之间的日均使用时长存在较大差异。媒介依赖的另一种测度变量App的日均启动次数（次）（AvgTimes）的均值为5.942，中位数为5.538，最大值为22.217，最小值为1.065，最大值和最小值之间也存在较大差距，这表明样本App之间的媒介依赖存在较大差异。App的网络价值（Value）的均值为29.310，中位数为28.938，最大值为38.059，最小值为19.264，这表明在样本公司中App的网络价值存在较大差异，一定程度地说明样本公司对信息使用者的吸引力也存在较大的差异。

从表2 Panel B 的统计结果可以看出，控制组（2019年）和实验组（2020年）的媒介依赖（App的日均使用时长和日均启动次数）均值存在显著差异，而其他控制变量均不存在显著差异。

从表2 Panel C 的统计结果可以看出，样本由13个资讯行业构成，其中的信息流资讯行业有770个观测值，占总样本量的55%。

从图1中的日均活跃用户数量的变化可知，从2020年除夕开始，与没有发生疫情的2019年春节假期相比，处于新冠肺炎疫情期间的App活跃用户规模有较大的增长，也在一定程度上验证了假设1。

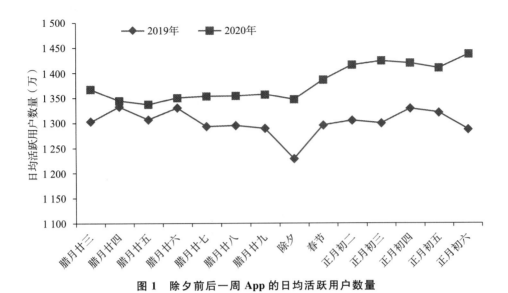

图 1　除夕前后一周 App 的日均活跃用户数量

四、实证结果分析

（一）实证检验结果

表 3 是基于模型(1)的回归结果,报告的是处于 2020 年新冠肺炎疫情的春节假期期间相对于 2019 年没有发生疫情的春节假期期间 App 用户的媒介依赖变化。

表 3　新冠肺炎疫情影响 App 用户的媒介依赖回归结果

变量	模型 1(AvgHours)		模型 2(AvgTimes)	
	系数	t 值	系数	t 值
截距项	−1.047***	−25.03	3.504***	22.64
CoV×Post	0.036***	135.89	0.084***	67.90
CoV	0.046***	26.18	−0.377***	−31.47
Post	0.026***	151.21	0.021***	25.75
Platform	0.173***	29.99	1.813***	22.73
SOE	−0.201***	−23.70	−2.258***	−29.34
Browser	0.400***	41.70	1.337***	12.03
Value	0.056***	39.49	0.055***	8.26
Industry	控 制		控 制	
Date	控 制		控 制	

（续表）

变量	模型 1(AvgHours)		模型 2(AvgTimes)	
	系数	t 值	系数	t 值
Adj. R^2	44.86%		12.42%	
N	1 400		1 400	

注：***、**、*分别表示在1%、5%和10%的统计水平上显著。

表 3 报告的是新冠肺炎疫情期间的除夕之后对 App 用户的日均使用时长（AvgHours）和日均启动次数（AvgTimes）的影响。在模型 1 中，新冠肺炎疫情期间的除夕之后（CoV×Post）的系数显著为正，这表明在新冠肺炎疫情期间的春节假期之后，App 用户的日均使用时长（AvgHours）呈现显著上升趋势，即在 2020 年新冠肺炎疫情期间的除夕之后，用户通过资讯类 App 获取新闻的时间较长。由于春节期间大多数企业和事业单位处于假期，休假的人员较多，与 2019 年同期相比，用户耗费在资讯类 App 的时间较长，形成基于移动互联网 App 的媒介依赖，假设 1 得到验证和支持。

模型 1 的回归结果表明，在 2020 年新冠肺炎疫情期间的除夕之后，与 2019 年同期相比，App 用户的日均使用时间显著增加。在 App 用户的日均使用时间显著增加的情景下，又由于疫情处于发展期，App 用户作为信息使用者，会更多地关注与疫情相关的新闻以缓解可能的焦虑情绪。那么，App 用户的 App 启动次数也会增加吗？据此，我们采用 App 用户的日均启动次数（AvgTimes）作为被解释变量进行回归，结果如表 3 模型 2 所示。

在模型 2 中，新冠肺炎疫情期间的除夕之后（CoV×Post）的系数显著为正，这表明在 2020 年新冠肺炎疫情期间的除夕之后，与 2019 年同期相比，App 用户的日均启动次数（AvgTimes）显著增加。这一结果表明，在新冠肺炎疫情期间，App 用户为了了解新冠肺炎疫情的发展状况，会不时地查阅相关的新闻，由此 App 用户会增加 App 的启动次数，假设 1 再次得到验证和支持。

（二）进一步检验

表 3 的结果表明，在 2020 年新冠肺炎疫情期间的除夕之后，与 2019 年同期相比，App 用户的媒介依赖度显著提高。由于新冠肺炎疫情的发展有不同阶段，那么在不同的阶段，不同的事件如何影响 App 用户的媒介依赖呢？为了有效考察这些事件的影响，本文选择除夕之前钟南山院士的宣布（当日）作为 App 用户媒介依赖的外生事件；作为对比，选择除夕之后李文亮医生逝世（前一日）作为 App 用户媒介依赖的外生事件。

在2020年除夕前夕,由于人们对新型冠状病毒肺炎的认知还存在一定的偏误,而借助新闻媒体的报道能够提升公众对公共卫生安全风险的认知水平(Oh et al.,2015)。据此,我们采用2020年1月20日钟南山院士的宣布"新型冠状病毒肺炎存在人传人现象"[3]作为时间点,取其前后三天以及2019年农历同期作为子样本期,运用模型(1)重新对子样本进行回归。从表4的结果可知,钟南山院士宣布之后(CoV×Post)的系数显著为负,这表明App用户的媒介依赖度显著下降。这一结果表明,钟南山院士的宣布意味着公众对新型冠状病毒肺炎的科学理解到了一个新阶段,也意味着有关新型冠状病毒肺炎是否存在人传人的现象有了一个定论。此时,App用户的疑惑在短期之内得到了释然,由此,App用户的媒介依赖度呈现显著的下降趋势。

表4 钟南山院士宣布(当日)作为外生事件的回归结果

变量	模型1(AvgHours)		模型2(AvgTimes)	
	系数	t值	系数	t值
截距项	-1.030^{***}	-23.22	3.873^{***}	21.36
CoV×Post	-0.007^{***}	-399.07	-0.149^{***}	-1226.30
CoV	0.071^{***}	44.18	-0.275^{***}	-24.27
Post	-0.010^{***}	-426.20	-0.034^{***}	-210.85
Platform	0.187^{***}	18.48	1.955^{***}	13.03
SOE	-0.210^{***}	-21.83	-2.419^{***}	-21.18
Browser	0.384^{***}	40.33	1.369^{***}	7.56
Value	0.055^{***}	37.85	0.043^{***}	4.42
Industry	控制		控制	
Date	控制		控制	
Adj. R^2	41.42%		14.86%	
N	600		600	

注:***、**、*分别表示在1%、5%和10%的统计水平上显著。

李文亮医生逝世[4](前一日)作为App用户媒介依赖的外生事件,取事件前后三天以及2019年农历同期作为子样本期,运用模型(1)重新对子样本进行回归。从表5的结果可知,李文亮医生逝世之后(CoV×Post)的系数显著为负,

---

[3] 国家卫健委高级别专家组组长、中国工程院院士钟南山:预计疫情2月中下旬现峰值可能在4月结束,每日经济新闻,https://baijiahao.baidu.com/s?id=1658347329616024606&wfr=spider&for=pc[2021-6-30]。

[4] 武汉人社局对李文亮做出工伤认定决定,新华网,http://www.xinhuanet.com/2020-02/07/c_1125544511.htm[2021-6-1]。

这表明 App 用户的媒介依赖度显著下降。这一结果表明,李文亮医生逝世之后,武汉市相关部门(如武汉市人社局)及时进行了反馈,在很大程度上避免了各种不实消息,从而相关的媒介依赖度也较低。

表 5 李文亮医生逝世(前一日)作为外生事件的回归结果

变量	模型 1(AvgHours)		模型 2(AvgTimes)	
	系数	t 值	系数	t 值
截距项	−0.897***	−7.05	4.348***	8.07
CoV×Post	−0.020***	−39.78	−0.591***	−223.03
CoV	0.098***	50.75	−0.352***	−42.41
Post	−0.018***	−100.94	0.106***	114.80
Platform	0.181***	16.22	1.849***	8.93
SOE	−0.269***	−14.10	−2.570***	−16.84
Browser	0.441***	19.40	1.408***	5.96
Value	0.052***	11.73	0.030	1.32
Industry	控制		控制	
Date	控制		控制	
Adj. R^2	35.02%		14.97%	
N	600		600	

注:***、**、*分别表示在 1%、5%和 10%的统计水平上显著。

总之,综合表 4 和表 5 的结果,本文认为导致这些结果的原因很可能是社交 App 分流了资讯类 App 的媒介依赖。

表 4 和表 5 考察了新冠肺炎疫情期间两个重要外生事件对媒介依赖的影响。那么,App 的其他特征又如何影响 App 用户的媒介依赖呢? 为了更好地回答这个问题,本文按照 App 的标签数量、App 日均启动次数和 App 日均活跃用户规模进行分组,考察这些特征对媒介依赖的影响的差异。

表 6 的模型 1—模型 4 考察 App 标签数量对 App 用户媒介依赖的影响。App 标签试图描述用户感兴趣的内容,以方便用户搜索到相应的 App(邢千里等,2015);而 App 标签数量越多,表明相应的 App 所涉及的内容越多且越不专注。为了更有效地观察 App 标签数量对于 App 用户的媒介依赖的影响,我们按照 App 标签数量中位数把样本 App 分为 App 标签数量低组(模型 1 和模型 3)和 App 标签数量高组(模型 2 和模型 4)。其中,模型 1、模型 2 和模型 3 的结果与表 3 的结果一致,而模型 4 中新冠肺炎疫情期间的除夕之后(CoV×Post)的系数都显著为负。这表明对于标签数量过高的 App 而言,由于新闻内容不专注,在新冠肺炎疫情的背景之下,App 用户很难获得所需的信息,App

使用次数相应较少。此外,模型1和模型2以及模型3和模型4中新冠肺炎疫情期间的除夕之后(CoV×Post)的系数存在显著差异。这表明在新冠肺炎疫情的特殊情景之下,在资讯类App中,App内容越专注,App用户越容易形成媒介依赖。

表6　不同App标签数量下的媒介依赖的回归结果

变量	模型1(低)		模型2(高)		模型3(低)		模型4(高)	
	系数	t值	系数	t值	系数	t值	系数	t值
截距项	−1.863***	−21.89	−0.920***	−16.44	−0.447	−1.37	4.544***	21.48
CoV×Post	0.070***	78.23	0.002***	9.99	0.397***	101.01	−0.200***	−245.21
CoV	0.043***	29.65	0.065***	20.78	−0.951***	−147.52	0.218***	9.58
Post	0.000	−0.09	0.052***	505.18	−0.321***	−111.63	0.320***	816.17
Platform	0.086***	7.37	0.241***	13.48	1.414***	9.29	2.757***	34.44
SOE	−0.226***	−19.48	−0.141***	−9.03	−2.764***	−28.28	−2.006***	−12.77
Browser	0.326***	19.01	0.524***	22.79	−0.768***	−8.87	3.626***	16.60
Value	0.090***	30.40	0.047***	20.87	0.255***	19.46	−0.044***	−5.20
Industry	控制		控制		控制		控制	
Date	控制		控制		控制		控制	
CoV×Post系数差异(高−低)			−0.068*** (−10.51)				−0.597*** (−13.80)	
Adj. R^2	47.45%		46.53%		29.70%		20.82%	
N	616		784		616		784	

注:括号内为t值;模型1—2的被解释变量为App用户的日均使用时长(AvgHours),模型3—4的被解释变量为App用户的日均启动次数(AvgTimes)。

当公共卫生安全事件发生时,人们会通过各种渠道获取相关信息,而媒体的相关报道则成为首选的信息来源(Holland et al.,2012)。由此本文认为,App用户的启动次数可以表征App用户试图获知新冠肺炎疫情相关信息的行为,即App用户的启动次数差异可以反映用户的媒介依赖度。据此,本文按照App启动总次数的中位数把样本App分为App启动总次数较低组(模型1和模型3)和App启动总次数较高组(模型2和模型4)。从表7的结果可知,模型1至模型4的结果与表3的结果一致,而模型1和模型2以及模型3和模型4中新冠肺炎疫情期间的除夕之后(CoV×Post)的系数均存在显著差异。这表明在新冠肺炎疫情期间,App用户的启动次数越多,App用户的媒介依赖度越高。

表7 不同关注度下的媒介依赖的回归结果

变量	模型1(低)		模型2(高)		模型3(低)		模型4(高)	
	系数	t值	系数	t值	系数	t值	系数	t值
截距项	0.530***	6.48	−0.242	−1.76	14.292***	16.18	20.561***	16.31
CoV×Post	0.055***	56.93	0.059***	51.99	0.119***	7.67	0.292***	40.57
CoV	0.006	1.58	0.122***	57.92	−0.272***	−9.42	0.105***	8.22
Post	−0.046***	−55.08	0.071***	46.75	−0.114***	−8.17	−0.005	−0.52
Platform	0.205***	23.63	0.082	1.81	2.312***	14.53	1.250***	4.25
SOE	−0.271***	−19.05	−0.075	−1.60	−2.927***	−12.46	−1.134*	−1.97
Browser	0.358***	22.09	0.267***	6.42	0.287**	2.34	0.596***	3.15
Value	−0.005	−1.54	0.035***	6.49	−0.387***	−11.55	−0.435***	−10.04
Industry	控制		控制		控制		控制	
Date	控制		控制		控制		控制	
CoV×Post 系数差异(高−低)			0.004*** (4.46)				0.173*** (8.46)	
Adj. R^2	35.94%		14.23%		28.36%		20.82%	
N	700		700		700		700	

注:括号内为t值;模型1—2的被解释变量为App用户的日均使用时长(AvgHours),模型3—4的被解释变量为App用户的日均启动次数(AvgTimes)。

公共事件存在网络效应(Bond et al.,2012;Ormerod,2012),而这个网络效应依赖于网络的规模(Swann,2002)。据此,为了更有效地观察不同网络效应对App用户的媒介依赖,本文按照App日活跃用户规模的中位数把样本App分为日活跃用户规模低组和日活跃用户规模高组。其中,在App日活跃用户规模高组的模型2和模型4中,新冠肺炎疫情期间的除夕之后(CoV×Post)的系数不显著;而在App日活跃用户规模低组的模型1和模型3中,新冠肺炎疫情期间的除夕之后(CoV×Post)的系数显著为正。在模型1和模型2中,新冠肺炎疫情期间的除夕之后(CoV×Post)的系数不存在显著差异,这表明采用App日均使用时长测度的媒介依赖,其网络效应强度不会使App用户的媒介依赖产生显著差异。而在模型3和模型4中,新冠肺炎疫情期间的除夕之后(CoV×Post)的系数存在显著差异,这表明采用App日均启动次数测度的媒介依赖,其网络效应强度会使App用户的媒介依赖产生显著差异。

表 8 不同网络效应下的媒介依赖的回归结果

	模型 1(低)		模型 2(高)		模型 3(低)		模型 4(高)	
	系数	t 值	系数	t 值	系数	t 值	系数	t 值
截距项	−0.354***	−2.88	−1.213***	−15.24	3.459***	2.81	8.069***	11.90
CoV×Post	0.074***	22.31	0.009	1.41	0.083***	3.36	−0.040	−0.96
CoV	0.047***	7.08	0.054***	16.45	0.359***	5.69	−0.741***	−34.82
Post	−0.047***	−30.42	0.087***	45.74	0.042***	3.59	0.104***	7.94
Platform	0.201***	21.03	0.184***	15.73	2.393***	16.96	2.117***	9.51
SOE	−0.238***	−15.76	−0.190***	−3.41	−2.685***	−17.05	−1.612***	−4.12
Browser	0.348***	20.85	0.445***	23.27	0.080	0.74	2.589***	12.20
Value	0.030***	6.35	0.060***	24.58	0.036	0.73	−0.093***	−3.76
Industry	控制		控制		控制		控制	
Date	控制		控制		控制		控制	
CoV×Post 系数差异(高−低)			−0.065				−0.123***	
			(−1.02)				(−4.24)	
Adj. R^2	30.16%		27.70%		16.75%		10.71%	
N	700		700		700		700	

注:括号内为 t 值;模型 1—2 的被解释变量为 App 用户的日均使用时长(AvgHours),模型 3—4 的被解释变量为 App 用户的日均启动次数(AvgTimes)。

综合表 6—8 的结果,整体而言,App 内容越专业、专注度越高以及网络效应越低的情景下,App 用户的媒介依赖度越高。这些结果表明,在移动互联网时代,我们可能需要针对不同的 App 采取不同的策略以有效引导舆论方向,避免带来不必要的负面效应。

(三)稳健性检验

(1)本文采用 App 活跃用户数量的平方作为 App 网络价值的测度变量,但由于 App 产品的规模也可能是一个重要因素,因此本文采用 App 活跃用户数量的平方取自然对数作为 App 的规模,同时保留模型(1)中的控制变量,对模型重新进行回归,结果完全一致。

(2)由于疫情变化较大,为了消除可能存在的极端值的影响,本文对连续变量进行 1% 的缩尾处理,同时保留模型(1)中的控制变量,对模型重新进行回归,结果完全一致。

（3）由于汽车和短视频等资讯App与一般的新闻App可能存在较大差异，本文剔除短视频聚合平台、军事资讯、汽车社区、汽车资讯、娱乐资讯行业的样本，同时保留模型（1）中的控制变量，对模型重新进行回归，结果完全一致。

（4）为了更有效地测度媒介依赖，本文采用App使用时长（万小时）/App启动次数（万次）作为媒介依赖的另一个测度变量，同时保留模型（1）中的控制变量，对模型重新进行回归，结果完全一致。

（5）由于2019年和2020年智能移动终端的新闻App用户规模不同，为了避免App用户规模的差异对结果造成的影响，本文采用中国互联网络信息中心第44次《中国互联网络发展状况统计报告》披露的2019年年初和2019年第三季度的新闻App用户量对相关变量进行标准化，同时保留模型（1）中的控制变量，对模型重新进行回归，结果完全一致。

（6）由于新冠肺炎疫情期间的除夕之后，每天确诊患者、疑似患者及死亡患者人数都在发生变化，为了更精确地测度疫情对App用户媒介依赖的影响，本文把样本限定在新冠肺炎疫情期间的除夕之后，根据中国疾病预防控制中心官方网站披露的新冠肺炎疫情分布情况，分别采用确诊患者、疑似患者及死亡患者人数为变量，同时保留模型（1）中的控制变量，对模型重新进行回归，发现确诊患者、疑似患者及死亡患者人数越多，App用户的媒介依赖度越高，与表3的结果完全一致。

（7）由于新冠肺炎疫情的发展和公众对疫情的认知都存在一定的不确定性（卓嫣等2020；Wang et al.，2020），App用户的媒介依赖可能受到社交网络的影响，为了更有效地控制社交网络的影响，本文在模型（1）中分别增加微信和QQ的活跃用户数量的自然对数作为控制变量，对模型重新进行回归，结果完全一致。

（8）由于新冠肺炎疫情的发展和公众对疫情的认知都存在一定的不确定性（卓嫣等2020；Wang et al.，2020），而网络搜索会降低这种不确定性（曾建光等，2013），因此网络搜索可能会影响App用户的媒介依赖。为了更有效地控制网络搜索的影响，本文把样本限定在2020年，在模型（1）中分别增加以"冠状病毒"为关键词的微信搜索指数和百度指数的自然对数作为控制变量，对模型重新进行回归，结果完全一致。

以上稳健性检验表明，本文的研究结果具有较好的稳健性。

五、研究结论

自武汉市卫生健康委员会2019年12月31日公告存在多名不明肺炎病例[5]以来,新型冠状病毒肺炎病例在各地均有发现。对于这一突发的公共卫生事件,个体是如何做出反应的?特别是在这一外生事件冲击之下,个体的媒介依赖有何特点?在移动互联网时代,资讯类App的媒介依赖又有何特点?基于此,本文采用易观千帆的App数据库,以App用户的日均使用时长和App用户的日均启动次数作为媒介依赖的测度变量,以2020年新冠肺炎疫情的春节假期前后一周为实验组,以2019年农历同期为控制组,使用DID模型,研究发现新冠肺炎疫情期间的春节假期之后,App用户的媒介依赖更为强烈。进一步研究发现,在App内容越专业、关注度越高以及网络效应越低的情景之下,App用户的媒介依赖度越高。本文的研究表明,在新冠肺炎疫情的外生冲击之下,App用户的媒介依赖度显著提高。这一发现表明,在移动互联网时代,突发的公共卫生事件会引致公众更多地依赖App资讯以获得更多信息,缓解可能的焦虑情绪。本文的研究为进一步完善移动互联网时代的公共卫生事件的预警提供了实证证据,也为我国的公共卫生预警的改革提供了一个分析和解读的视角;另外,本文的研究也为我们更好地考察国家新闻媒体的监管提供了实证证据。

本文的政策意义在于:本文发现在突发的公共卫生事件之后,App用户的媒介依赖度更高,媒体政策的制定者和监管当局应当认真审视App市场的监管效率问题,避免App资讯中可能存在的有意误导App用户的信息,给公共卫生事件带来不必要的代价。

本文的理论意义在于:本文的研究在一定程度上拓展了现有的媒介依赖理论(Ball-Rokeach and DeFleur,1976)在App市场上的应用。同时,本文尝试使用App用户的日均使用时长和日均使用次数来刻画媒介依赖度,并为之提供了实证证据,从而在一定程度上填补了媒介依赖理论的测度空白,为我们重新检验媒介依赖理论的有效性及其在移动互联网市场上的适用性,甚至为完善媒介依赖理论提供了一个尝试。

本文的不足在于:本文仅仅测度了App用户的日均使用时长和日均启动次数,没有分析是什么内容导致App用户的媒介依赖?是新闻还是谣言?人

---

[5] 武汉市卫健委关于当前我市肺炎疫情的情况通报,http://wjw.wuhan.gov.cn/front/web/showDetail/2019123108989[2019-12-31]。

们利用媒介做了什么（Katz，1959）？这些都有助于我们深度理解媒介依赖这一概念。

此外，在新冠肺炎疫情期间，我们发现各种所谓的新闻、传闻甚至谣言在互联网上满天飞，给公众带来不同程度的焦虑。我们不禁要问：作为对信息使用者个体具有重要影响力的移动App，如何通过媒介守住人类的幸福，而不是在突发的公共卫生事件期间肆意利用App用户大数据，给公众造成不必要的恐慌与不安？

参 考 文 献

陈丹龙，杨芳，罗志英，等，2020.全球抗新型冠状病毒药物研发现状和瓶颈[J].中国药理学通报(4)：25-35.

工业和信息化部，2019.2018年通信业统计公报[EB/OL].[2021-06-30].http://www.miit.gov.cn/newweb/n1146312/n1146904/n1648372/c6619958/content.html.

廖玉华，程翔，曾秋棠，等，2020.湖北省新冠肺炎疫情下心血管病治疗与管理专家建议[J].临床心血管病杂志(3)：201-203.

谢天勇，张国良，2013.中国大陆中部地区民众的媒介行为实证分析：以安徽省淮北市为例[J].中国传媒大学学报(6)：37-42.

谢新洲，2004.媒介依赖理论在互联网环境下的实证研究[J].石家庄经济学院学报(2)：218-224.

邢千里，刘列，刘奕群，等，2015.微博中用户标签的研究[J].软件学报(7)：1626-1637.

曾建光，伍利娜，王立彦，2013.中国式拆迁、投资者保护诉求与应计盈余质量：基于制度经济学与Internet治理的证据[J].经济研究(7)：90-103.

中国互联网络信息中心，2019.第44次中国互联网络发展状况统计报告[R/OL].[2021-07-03].http://www.cnnic.net.cn/hlwfzyj/hlwxzbg/hlwtjbg/201908/P020190830356787490958.pdf.

卓嫣，冯超，王立，等，2020.新冠肺炎疫情下的华西医院急诊转运感控管理实践[J].中国卫生事业管理(8)：571-573.

AHN J, JUNG Y, 2016. The common sense of dependence on smartphone: a comparison between digital natives and digital immigrants[J]. New media & society, 18(7): 1236-1256.

BALL-ROKEACH S J, 1998. A theory of media power and a theory of media use: different stories, questions, and ways of thinking[J]. Mass communication and society, 1(1): 5-40.

BALL-ROKEACH S J, DEFLEUR M L, 1976. A dependency model of mass-media effects[J]. Communication research, 3(1): 3-21.

BALL-ROKEACH S J, 1985. The origins of individual media-system dependency: a sociological framework[J]. Communication research, 12(4): 485-510.

BOND R M, FARISS C J, JONES J J, et al., 2012. A 61-million-person experiment in social influence and political mobilization[J]. Nature, 489: 295-298.

COLEMAN R, THORSON E, 2002. The effects of news stories that put crime and violence into context: testing the public health model of reporting[J]. Journal of health communication, 7(5): 401-425.

DEFLEUR M L, BALL-ROKEACH S, 1990. 大众传播学诸论[M].杜力平,译.台北:新华出版社.

GRANT A E, 1996. Media dependency and multiple media sources[J]. The psychology of political communication, 3: 199-210.

HARRIS R J, 2007. 媒介心理学[M].相德宝,译.北京:中国轻工业出版社.

HOLLAND K, BLOOD R W, IMISON M, et al., 2012. Risk, expert uncertainty, and Australian news media: public and private faces of expert opinion during the 2009 swine flu pandemic[J]. Journal of risk research, 15(6): 657-671.

ITU(International Telecommunications Union), 2009. What is a smartphone[EB/OL].[2021-06-30]. http://www.itu.int/itunews/manager/display.asp?lang=en&year=2009&issue=02&ipage=09&ext=html.

JIANG Q, LI Y, 2018. Factors affecting smartphone dependency among the young in China[J]. Asian journal of communication, 28(5): 508-525.

JIAN L, USHER N, 2014. Crowd-funded journalism[J]. Journal of computer-mediated communication, 19(2): 155-170.

JOHN S W L, FOSS K A, 2009. 人类传播理论[M].史安斌,译.北京:清华大学出版社.

JUNG J Y, 2008. Internet connectedness and its social origins: an ecological approach to post access digital divides[J]. Communication studies, 59(4): 322-339.

JUNG J Y, KIM Y C, LIN W Y, et al., 2005. The influence of social environment on internet connectedness of adolescents in Seoul, Singapore and Taipei[J]. New media & society, 7(1): 64-88.

LEUNG L, 2010. Effects of internet connectedness and information literacy on quality of life[J]. Social indicators research, 98(2): 273-290.

LIN C A, XU X, DAM L, 2020. Information source dependence, presumed media influence, risk knowledge, and vaccination intention[J]. Atlantic journal of communication, forthcoming.

LOGES W E, 1994. Canaries in the coal mine: perceptions of threat and media system dependency relations[J]. Communication research, 21(1): 5-23.

LOWREY W, 2004. Media dependency during a large-scale social disruption: the case of September 11[J]. Mass communication and society, 7(3): 339-357.

LU R, ZHAO X, LI J, et al., 2020. Genomic characterization and epidemiology of 2019 novel coronavirus: implications for virus origins and receptor binding[J/OL].[2021-06-30]. The Lancet, https://doi.org/10.1016/S0140-6736(20)30251-8.

LYU J C, 2012. How young Chinese depend on the media during public health crises? a comparative perspective[J]. Public relations review, 38(5): 799-806.

MCQUAIL D, 2010. 麦奎尔大众传播理论[M].崔保国,李琨,译.北京:清华大学出版社.

NEWZOO, 2019. Top countries by smartphone users[EB/OL].[2021-06-30]. https://newzoo.com/insights/rankings/top-countries-by-smartphone-penetration-and-users/.

OH S H, PAEK H J, HOVE T, 2015. Cognitive and emotional dimensions of perceived risk characteristics, genre-specific media effects, and risk perceptions: the case of H1N1 influenza in South Korea[J].

Asian journal of communication, 25(1): 14-32.

ORMEROD P, 2012. Social networks can spread the Olympic effect[J]. Nature, 489(7416): 337-337.

PATWARDHAN P, YANG J, 2003. Internet dependency relations and online consumer behavior: a media system dependency theory perspective on why people shop, chat, and read news online[J]. Journal of interactive advertising, 3(2): 57-69.

SEVERIN W J, TANKARD J W, 2000. 传播理论、起源、方法与应用[M].郭镇之,等译. 北京:华夏出版社.

SHANNON C E, 1948. A mathematical theory of communication[J]. Bell system technical journal, 27(3): 379-423.

SWANN G M, 2002. The functional form of network effects[J]. Information economics and policy, 14(3): 417-429.

TAI Z, SUN T, 2007. Media dependencies in a changing media environment: the case of the 2003 SARS epidemic in China[J]. New media & society, 9(6): 987-1009.

TANDOC JR E C, 2014. Journalism is twerking? how web analytics is changing the process of gatekeeping[J]. New media & society, 3: 559-575.

WANG C, HORBY P W, HAYDEN F G, et al., 2020. A novel coronavirus outbreak of global health concern[J]. The Lancet, 395(10223): 470-473.

市场声誉抑或风险规避

——污点独立董事任职的影响机理

黄志雄 袁峰华 毛宣颖 *

摘 要 市场声誉抑或风险规避？污点独立董事任职的作用机理一直受到学术界和监管机构的关注。本文根据已有文献，比较辨析了声誉机制和风险规避机制的具体作用路径与识别特征，构建了独立董事声誉机制的理论框架，并以 2015—2018 年深交所"通报批评"污点独立董事任职行为与企业特征作为研究对象，检验污点独立董事任职的影响机理。研究发现：(1) 污点独立董事任职主要受到自身风险规避的影响。污点独立董事在受处罚后偏好任职财务风险较低、历史违规处罚次数较少的企业，并且会提前离任财务风险较高、历史违规处罚次数较多的企业。(2) 声誉机制作用的效果不显著。污点独立董事依旧能够接到更好企业的独立董事席位邀约，留任风险较低的企业。本文的研究结果说明，现阶段中国资本市场污点独立董事处罚效果更多地体现了风险规避机制假说的影响机理，通过提高污点独立董事的履职风险意识来发挥作用，声誉机制的作用效果则被阻断。据此，我们从处罚信息披露门槛与跨期、候选人声明格式、独立董事外部联动机制三方面提出有针对性的改进建议。

关键词 声誉机制 风险规避 污点独立董事

Reputation or Risk Aversion: The Influence Mechanism of Tainted Independent Directors' Appointment

ZHIXIONG HUANG FENGHUA YUAN XUANYING MAO

Abstract Reputation or risk aversion? The mechanism of tainted independent directors' appointment has always been concerned by academics and regulators. According to the exist-

---

* 浙江财经大学会计学院。通信作者：黄志雄；地址：杭州市江干区学源街 18 号；邮编 310018；E-mail：xboy040552@163.com。本文为浙江省社科规划课题（20NDQN305YB）和浙江省自然科学基金项目（LQ20G020015）的阶段性研究成果。当然，文责自负。

ing literature, this paper analyzes influence path and identification characteristics of reputation mechanism and risk aversion, and constructs the theoretical framework of reputation mechanism of independent directors. Taking the employment behavior and enterprise characteristics of tainted independent directors in the "informed criticism" of Shenzhen Stock Exchange from 2015 to 2018 as the research object, this paper examines the influence mechanism of tainted independent directors' appointment. It is found that: (1) The appointment of tainted independent directors is mainly affected by their own risk aversion. After punishment, they prefer to choose enterprises with lower financial risks and fewer penalties for historical violations, and they will leave the enterprises with higher financial risks and higher penalties for historical violations in advance. (2) The effect of reputation mechanism is not significant. Tainted independent directors can still receive the invitation from better enterprises and stay in the enterprises with lower risks. The conclusion of this paper shows that the punishment effect of tainted independent directors in China's capital market is more self-discipline. Based on this, we put forward three suggestions: improving the threshold and time limit of penalty information disclosure, revising the format of candidate statement, and constructing the external linkage mechanism of independent directors.

Key words Reputation Mechanism; Risk Aversion; Tainted Independent Director

一、引 言

有关独立董事声誉的研究起源于Fama(1980)对有效市场的论述,其认为当董事或经理人在资本市场上取得成功或遭遇失败时,信息将能够被有效传递和定价,并在后续重复博弈的基础上受到资本市场参与者的青睐或遭受惩罚。这种基于重复博弈和信息传递基础上衍生而来的非正式制度就是声誉机制。迄今为数不多的有关独立董事市场声誉机制的经验文献主要聚焦美国证券市场。Francois and Srinivasan(2014)发现,1996—2010年美国证券诉讼案件中就有11%的诉讼案件涉及独立董事。受益于企业补偿制度和董事责任险等一系列保护措施,独立董事很少遭受金钱上的损失。类似地,Black et al.(2006)比较多个国家的独立董事法律责任,总结得出独立董事很少遭受罚款或诉讼赔偿的相似结论。例如,美国SEC(证券交易委员会)和投资者集体诉讼带来的监管和法律惩罚相当有限,更多的是声誉和时间精力上的损害。Srinivasan(2005)利用美国盈余重述企业审计委员会成员的后续任职作为研究对象,发现在审计委员会任职的独立董事遭受到来自资本市场明显的声誉惩罚,3年内这些独立董事将平均失去25%其他企业的董事席位,而且审计委员会任职和年报盈余重述幅度将导致更高的离职率。Fich and Shivdasani(2007)进一步使用1998—2002年因虚假披露而遭到诉讼的216个企业样本,考察其对独立董事声誉的影响,发现被诉企业独立董事的任职数量在3年内显著减少,而且这些独立董事更可能丢失治理机制良好企业的董事席位。

不同于美国资本市场,在中国现阶段市场化程度还远不充分的条件下,资本市场本身是否以及在多大程度上能够对受罚独立董事施加声誉惩罚仍是一个值得实证检验的命题(刘浩等,2012)。声誉机制作为行政和法律处罚手段的有效补充,在规范独立董事履职行为、促进其勤勉履职方面有着重要的激励作用(全怡和郭卿,2017)。但是,关于污点独立董事后续任职的影响机理,还存在另一种竞争性假说,即风险规避机制。风险规避机制主要通过提高污点独立董事内在自律与勤勉履职来发挥作用,与声誉机制的外部性有着类似的最终效果(周泽将等,2019)。例如,辛清泉等(2013)关于上市公司虚假处罚中独立董事的处罚效果的研究涉及声誉机制与风险规避机制。他创新地对比离职企业和新任职企业的特征差异,发现独立董事受处罚后担任的独立董事职位数量明显减少,并归结为独立董事主动离任高风险的上市公司是趋吉避凶的行为表现。可惜的是,该研究并没有进一步分析声誉机制与风险规避机制,也没有阐释与论证声誉机制的实现条件。因此,到底是市场声誉机制还是风险规避机制在其中发挥作用?污点独立董事任职的影响机理在理论与经验证据层面还存在一定空缺。

本文以污点独立董事后续任职行为和任职企业特征作为研究对象,进一步比较污点独立董事任职的影响机理。本文发现:(1)污点独立董事任职主要受到风险规避机制假说的影响。在受到处罚后提前离任业绩较差、风险高的企业,同时选择就职风险较低的企业,避免受到二次连带处罚的可能性。(2)污点独立董事任职缺乏声誉机制经验证据。污点独立董事在受到处罚后依旧能够新任职和留任低风险企业。本文的主要贡献体现在以下两个方面:第一,现阶段中国资本市场更多地体现了风险规避机制,声誉机制的作用效果受到限制;第二,系统地比较了声誉机制与风险规避机制的作用机理,为规范独立董事行为提供了新的研究视角,是对该领域研究的补充。

二、文献回顾

已有文献发现,当独立董事履职未尽勤勉义务或未能有效履行监督职责时,不仅会受到来自法律的处罚,而且会受到来自资本市场的声誉惩戒(岳殿民和李雅欣,2020)。Black et al.(2006)回顾不同法系国家独立董事诉讼案件,总结并发现司法层面的处罚并不是主要方式,受益于董事责任险等一系列保护措施,只有极少数的独立董事在证券诉讼案件的连带诉讼中会败诉,投资者更多地将独立董事连带起诉作为一种诉讼技巧以实现更快和解的目的。所以,针对独立董事的处罚更多的是从后续市场声誉出发,市场声誉处罚对独立董事个体而言是仅剩的唯一重大顾虑,将直接影响其后续的任职与收入(Francois and Suraj,2014;Jiang et al.,2016)。鉴于声誉机制对独立董事行为规范的突出作用,本文认为有必要通过文献回顾与分析,构建有关独立董事声誉机制作用形式的研究框架,以便更好地理解声誉机制的作用形式与途径。

(一)任职企业离职

1. 处罚企业

作为现代公司治理的重要构成,独立董事勤勉履职是股东保证自身利益不受内部经营者侵害的重要屏障。当独立董事未尽勤勉义务或者违反法律规范时,不仅将面临民事赔偿或者行政处罚,个人声誉受损还将直接影响股东对其专业能力和诚信品质的质疑。一旦股东发现独立董事的专业能力或者独立性不足以胜任时,就会及时撤换不合格独立董事以维护企业与自身的利益。独立董事声誉机制发挥作用的主要途径是:股东通过更换董事会中不称职的独立董事来保证董事会监督与决策的效率和效果。可是现有文献关于独立董事离任受处罚企业的经验证据却存在矛盾。

在支持声誉机制有效性的文献中,Romano(1991)最早检验1960—1987年美国股东诉讼案件发生后涉案企业公司治理的变化,发现当企业遭受股东起诉后,CEO和董事的离职率显著高于对照组企业的离职率,并将这一现象解释为公司治理的自律效应,认为企业经营违规或者受到处罚表明董事或高管没有履行应尽的职责,其专业能力或勤勉履职存在不足。因此,股东通过替换原董事会成员来改变现有的公司治理结构,向投资者传递企业改革的信号。Gilson(1990)也提供了类似的经验证据,当企业经历债务违约或违规行为时,董事将会失去在董事会的席位。在近期的文献中,Ferris et al.(2007)考察1982—1999年股东诉讼案件发生前后公司治理的变化,发现诉讼事件发生后3年内董事的离职率显著提高。Francois and Srinivasan(2014)借鉴 Fich and Shivdasani(2007)进一步将研究对象区分为诉讼案件中的连带起诉与未连带起诉两类独立董事,发现连带起诉独立董事的离职率显著高于同一董事会中未连带起诉独立董事,尤其在2002年《萨班斯-奥克斯利法案》出台后这一差异更大。Srinivasan(2005)不仅针对违规和诉讼的企业,还以1997—2001年盈余重述的409家企业作为研究样本,研究独立董事在企业经历财务重述后的任职变化,发现财务重述后3年内,上调盈余企业中独立董事的离职率为48%而下调盈余企业中独立董事的离职率为28%,技术性盈余重述企业中独立董事的离职率为18%。这表明对于那些夸大盈余的企业而言,尤其是在审计委员会任职的独立董事,3年内独立董事离职更换的概率最高。无独有偶,在中国资本市场上,岳殿民和李雅欣(2020)另辟蹊径,度量法律背景独立董事声誉,发现独立董事声誉这种非正式制度促进其勤勉履职的经验证据,并提出从制度上健立健全独立董事声誉机制。基于上述经验证据可以发现,声誉机制对独立董事离任受处罚企业有着显著影响。

但是,Agarwal et al.(1999)和Fich and Shivdasani(2007)发现了相反的经验证据。Agarwal et al.(1999)考察了企业因财务欺诈而受处罚后,公司治理水平、管理层监督以及董事离职的变化后果,结果发现欺诈企业的高管和董事离职率与对照组不存在显著差异。这表明欺诈信息披露并没有影响现任董事和高管的继续任职,经验证据不支持被起诉企业之后更换高管和董事的行为特征。持同样观点的Fich and Shivdasani(2007)利用1998—2002年的诉讼案件,考察企业财务欺诈对独立董事的影响,结果显示随着企业受到SEC调查和起诉,董事会中的独立董事并没有发生异常离职,3年内有83%的独立董事依旧在被起诉企业任职,并将这一发现归结为企业高管偏好"懒散"的独立董事,得出声誉机制作用有限的结论。

2. 其他任职企业

声誉机制的作用效果建立在重复博弈和有效市场的基础上,当独立董事因未尽勤勉义务而受到连带起诉或者处罚时,其专业能力与独立性不足的信息将在整个资本市场上传递,间接影响独立董事在其他任职企业中股东对其能力和个人品质的判断,从而给其任职带来负面影响。因此,声誉机制的第二条作用途径就是导致独立董事提前离开其他任职企业;但是,现有相关经验证据对此依然存在争议。

Srinivasan(2005)以1997—2001年盈余重述的409家企业作为研究样本,观察经历财务重述后企业的独立董事,发现3年内这些独立董事平均将失去25%在其他任职企业的董事席位。类似的结论同样出现在Fich and Shivdasani

(2007)的研究成果中,其利用1998—2002年因虚假披露而遭到起诉的216件案件样本,发现涉案企业中董事在其他企业担任董事职位的数目显著减少。虽然该证据同样支持独立董事因规避风险而主动从其他企业离职这一推论,但是Fich and Shivdasani(2007)通过进一步检验发现独立董事在涉案企业审计委员会任职时的离职效果更明显,并将这一结果归因于市场声誉机制的作用效果。也就是说,任职审计委员会的独立董事相对于其他独立董事在防止虚假披露上负有更多的责任,履职失败意味着其应当在市场上遭受更严重的声誉处罚。

可是,并不是所有文献均支持声誉机制的作用,Ferris et al.(2007)利用1985—2002年的集体诉讼样本,发现涉案董事在其他企业任职的数目反而增加了。他们将该现象归因为友好的董事更受到企业偏好,或者是其能够凭借经验更好地处理类似情形下的突发状况,并据此得出声誉机制的影响效果有限的结论。

(二)候选人新提名概率和支持率降低

声誉机制的另一个作用形式在于限制污点独立董事获得新提名。美国SEC早已于2009年要求上市公司披露董事会成员任职前10年的诉讼处罚经历,包括联邦或证券法管制下的诉讼案件,认为这一信息对投资者而言是重要的,能够帮助投资者评估董事的专业胜任能力和诚信品质。污点独立董事在获得提名时,众多中小股东和投资者能够从上述信息中了解其专业能力与诚信勤勉品质,在最终投票和支持中发挥作用。

在已有文献中,Yermack(2010)对股东投票机制进行了翔实的文献整理和理论分析,发现随着经济环境的复杂化以及公司治理的潜在需求,股东投票机制在董事选聘和高管薪酬确定中被赋予了更多的权利;同时,股东将投票行为作为与董事会董事沟通的一种渠道,保证自己的利益诉求能够在公司治理和企业经营发展中得到体现。后续众多学者运用实证研究方式检验了股东投票机制的传递路径和有效性。Cai et al.(2009)利用美国上市公司1990—2006年的数据,在控制企业层面的相关变量后发现:出席董事会比例低于75%和遭到机构投资者负面评价的董事在股东投票中获得的股东投票比例分别低于类似环境下股东投票比例的14%和19%,这表明股东能够判断公司治理的效果以及董事的履职表现,并通过股东投票的方式予以表达。无独有偶,Jiang et al.(2016)、Ertimur et al.(2018)和Aggarwal et al.(2019)均基于独立董事投票行为考察声誉机制的有效性,发现勤勉履职(更多的反对票和提案)会提高独立董事声誉的奖励(更多的独立董事邀约和支持率)。

Francois and Srinivasan(2014)进一步拓展研究污点独立董事在提名中获得来自机构股东的支持率,以此剥离检验声誉机制的有效性,从另一视角弥补以往文献关于独立董事声誉机制的空白。他们以1996—2010年受到SEC处罚的企业为样本,研究独立董事被连带起诉后股东投票比例和机构投资者评价的变动,发现与同一董事会中未被连带起诉的独立董事相比,遭到连带起诉的独立董事将得到更低的股东支持比例,这一数字平均少4.24%;而与对照独立组董事(未被SEC处罚的企业)相比,被连带起诉独立董事的获得股东支持比例低10.50%,未被连带起诉独立董事的股东支持比例则为1.10%。这表明股东对在诉讼案件中被连带起诉独立董事的评价更加负面。研究结果表明,相比于类似企业中机构投资者对独立董事的支持率,污点独立董事任职的其他企业中机构投资者给予的支持率显著更低,即污点独立董事因履职失败而导致其在资本市场上被视为弱监管者的声誉惩戒。从上述研究文献可以发现,违规或不称职独立董事在股东大会上获得的支持率明显较低,声誉机制的存在促使污点独立董事获得再次聘用的概率更小。

三、声誉机制与风险规避机制的作用路径比较

在有关声誉机制有效性及其达成条件的研究中,不可避免地需要区分风险规避机制对声誉机制的干扰。已有文献(Srinivasan,2005;Fich and Shivdasani,2007)发现,声誉机制和风险规避机制对独立董事后续任职有着一定程度的类似作用,但是在具体作用机理和边界上还是有着显著区别。相对而言,风险规避机制是扎根于独立董事个人的价值判断,是独立董事个人的行为选择;而声誉机制则是从外在社会约束角度对独立董事进行限制,落脚点在于企业。声誉机制通过引导资本市场和上市公司来淘汰污点独立董事,其对公司形象而言会产生一种负面影响;风险规避机制则促使污点独立董事选择违规风险较低的企业作为任职目标,但不会改变独立董事人才市场的流动状况,无益于形成独立董事优胜劣汰的生存机制。那么,影响独立董事任职的是声誉机制还是风险规避机制,抑或两者并存?兼顾现实中两者同时存在的可能性,我们还应比较声誉机制与风险规避机制的具体作用路径差异。

现行中国资本市场针对独立董事的处罚主要有三类:公开谴责、行政处罚和通报批评。其中,通报批评的惩戒严重性最低,并不构成强制性离职触发条

件。因此，检验企业提名时是否考虑污点独立董事声誉以及独立董事个体风险规避，"通报批评"处罚类型（声誉层面）是很好的研究契机。据此，我们将"通报批评"处罚样本区分为处罚企业、新任企业、其他任职企业三类进行比较，其中表1列示了声誉机制与风险规避机制在不同类型样本中的识别方式。

表1　交易所通报批评下声誉机制与风险规避机制的作用路径比较

样本	声誉机制	风险规避机制	识别特征
处罚企业	提前离职	提前离职	无
新任企业	无提名/任职高风险企业	任职低风险企业	企业特征与行为差异
其他任职企业	提前离职	提前离任高风险企业	企业特征与行为差异

（1）处罚企业。独立董事被交易所认定为未履行监督职责、履职未尽勤勉义务，由此承担连带处罚责任。在声誉机制的惩戒下，不合格独立董事将提前离职，对于不能监督董事会成员与管理层的污点独立董事，股东会要求其提前离职。一方面，这可以保证股东权益得到更好的保障与监督；另一方面，这可以向资本市场表明重建良好公司治理的态度。风险规避机制的作用形式同样表现为独立董事提前离任受处罚企业。杨有红和黄志雄（2015）的调查研究发现，中国独立董事的履职环境与必要的信息支持存在缺陷，导致独立董事在对待违规风险时比较谨慎敏感。对于此类受处罚企业，受连带处罚的独立董事更倾向于提前离职。由此在处罚企业样本中，声誉机制与风险规避机制的表现形式呈现类似的作用效果，可能难以辨别声誉机制存在的经验证据及实现条件。

（2）新任企业。声誉机制的主要作用路径是通过资本市场，传递污点独立董事履职未尽勤勉的信息，从而促使企业注意到污点独立董事的技能不足和品质不良。从维持企业形象的角度考虑减小提名污点独立董事的概率，最终导致污点独立董事无法获得高风险企业新任职的提名。风险规避机制的作用路径则不一样，风险规避机制的作用主体在于独立董事个人，独立董事从自身风险衡量角度出发趋利避凶，有选择地挑选低风险企业的邀请以降低未来受连带处罚的可能性。由此在新任企业样本中，新任企业特征差异是声誉机制与风险规避机制的识别方式。据此，根据上述声誉机制与风险规避机制作用路径的分析比较，本文提出研究假设1：

假设1a　当污点独立董事无新任职或新任职高风险企业时，声誉机制有效。

假设1b　当污点独立董事任职低风险企业时，风险规避机制有效。

（3）其他任职企业。声誉机制的另一种表现形式是污点独立董事提前离开任职的其他企业。污点独立董事因在履职中未尽到勤勉和忠实义务而受到证监会或交易所的行政处罚，这是对其专业能力、履职勤勉、重视企业整体利益尤其是中小股东利益保护的一种质疑，继续让污点独立董事留任会给企业和董事会带来负面影响。一方面，声誉机制会促使其他任职企业提前解聘污点独立董事，尤其是业绩优秀、市场声誉良好的企业；另一方面，风险规避机制同样会造成污点独立董事从其他任职企业中提前离职，但是风险规避机制的作用机理在于独立董事自身有选择性地提前离开违规风险高的企业，而继续留任违规风险低的企业。所以，比较污点独立董事在其他企业中的任职行为与企业特征差异，将成为识别声誉机制与风险规避机制的重要方式。据此，我们提出研究假设2：

假设2a 当污点独立董事选择提前离开低风险其他任职企业时，声誉机制有效。

假设2b 当污点独立董事仅提前离开高风险其他任职企业时，风险规避机制有效。

四、研究设计

（一）样本选择

与已有文献的样本跨期选择不同，本文在实证研究独立董事声誉机制时考虑了以下两个促因：(1)持续接近1年的中组部18号文件（2013年10月）导致众多党政背景独立董事大规模离职，若不剥离2013年与2014年的强制性离职则会影响研究结果的稳健性，因此本文的样本选择初始点为2015年1月1日；(2)"通报批评"的叠加有效期为2年，为保证研究结果的稳健性，本文在样本选择过程中保留至少2年的处罚后续观测期。具体样本选择过程如下：(1)2015—2018年受到深证交易所通报批评处罚的独立董事；(2)剔除样本信息不全的对象。最终得到130名污点独立董事。

表2列示了独立董事（处罚个人）的"通报处罚"处罚类型年度处罚人次与处罚人数统计。Panel A有关独立董事处罚人次的年度统计结果显示，深交所针对独立董事处罚案件数量出现大幅增加，尤其是2017年和2018年的增长幅度分别接近100%和50%，说明深交所对资本市场的监管不断增强，对独立董事的履职要求不断提高。上述经验证据与现阶段资本市场不断强调监管的市

场环境相符,为区分污点独立董事声誉受损差异提供了比较稳健的外在基础条件。Panel B 进一步列示了样本中污点独立董事的处罚人数。从中可以发现,有 8 名独立董事在 2015—2018 年连续受到 2 次通报批评,剩余样本中 122 名污点独立董事仅受到 1 次处罚。

表 2 深交所独立董事处罚(2015—2018 年)

	处罚类型	
	通报批评	比例(%)
Panel A:处罚人次		
2015 年	14	10.14
2016 年	19	13.77
2017 年	40	28.99
2018 年	65	47.10
合计	138	100.00
Panel B:处罚人数		
处罚 1 次	122	93.85
处罚 2 次	8	6.15
处罚人数	130	100.00

表 3 进一步列示了独立董事个人在处罚时点及后续有无任职席位的情况。我们发现独立董事在受到处罚后任职企业数量呈现下降趋势。在受处罚时点,污点独立董事的任职企业个数为 209 家;而在后续的 1 年和 2 年间,其任职企业数量分别下降到 149 家和 63 家。

表 3 污点独立董事任职情况(2015—2020 年)

时点	任职企业数量(家)
处罚当年	209
处罚后第 1 年	149
处罚后第 2 年	63

(二)变量与模型设计

为了识别中国资本市场上独立董事声誉机制与风险规避机制的经验证据,本文根据前文对两者作用路径的比较分析,选择污点独立董事后续任职行为与任职企业特征作为研究对象。

首先,针对任职企业特征变量,我们借鉴了 Fich and Shivdasani(2007)和 Francois and Srinivasan(2014)有关独立董事任职企业特征偏好的论述,即独立董事在选择潜在任职时,更加倾向于:(1)财务状况稳健、负债率低、能够应对财务风险、潜在融资能力强的企业;(2)经营状况优秀、未受外部监管处罚过的企业;(3)薪酬待遇高的企业。因此,我们综合选用 4 个指标(流动比率(Current_ratio)、资产负债率(Leverage)、独立董事薪酬(Salary)、近三年行政处罚次数(Violation))作为任职企业特征变量(Charactors)的替代,ε 表示随机误差项,i 表示独立董事,j 表示企业,t 表示年份。

其次,针对污点独立董事后续任职行为,我们构建了处罚时点(T)、新任职(New)、任职数量(Inde_num)和提前离任(Leave)作为度量变量,检验资本市场声誉机制和独立董事风险规避机制的有效性。其中,处罚时点(T)度量污点独立董事的处罚时点,当隶属于处罚年度时 T 取值为 0,处罚后第一年取值为 1,处罚后第二年取值为 2;新任职(New)度量处罚后的任职企业是否隶属于新任职状态,当隶属于新任职企业时 New 取值为 1,反之取值为 0;任职数量(Inde_num)度量污点独立董事不同年度的任职企业数量;提前离任(Leave)度量独立董事是否提前离任。根据深交所的规定,独立董事最多可以连续任职同一企业两届独立董事,当独立董事仅任职 1 届时 Leave 取值为 1,任职 2 届取值为 0。

最后,考虑到不同专业、职业背景的独立董事对个人声誉的重视程度存在差异,我们在模型中还加入独立董事个人特征变量,包括年龄(Age)、性别(Female)、律师(Law)、教授(Professor)、经理(Manager)以及证券公司(Security)。

此外,为了进一步检验前文提出的假设,我们还构建如下模型对独立董事任职行为和任职企业特征差异进行研究。其中,模型(1)用于检验整体样本中污点独立董事的生存情况,随着处罚时点的推移,其任职企业数量与任职企业特征是否开始出现变化;模型(2)则考察污点独立董事任职企业样本中新任职企业的特征差异;模型(3)进一步检验其他任职企业中污点独立董事的任职趋势。

$$\text{Inde\_num} = a_0 + a_1 T + a_2 \text{Age} + a_3 \text{Female} + a_4 \text{Law} + a_5 \text{Professor} + a_6 \text{Manager} + a_7 \text{Security} + \varepsilon \tag{1}$$

$$\text{Charactors} = a_0 + a_1 \text{New} + a_2 \text{Age} + a_3 \text{Female} + a_4 \text{Law} + a_5 \text{Professor} + a_6 \text{Manager} + a_7 \text{Security} + \varepsilon \tag{2}$$

$$\text{Leave} = a_0 + a_1 \text{Levrage}_i + a_2 \text{Violation} + a_3 \text{Current\_ratio} + a_4 \text{Salary} +$$
$$a_5 \text{Security} + a_6 \text{Age} + a_7 \text{Female} + a_8 \text{Law} + a_9 \text{Professor} +$$
$$a_{10} \text{Manager} + \varepsilon \tag{3}$$

(三)描述性统计

表4列示了污点独立董事受处罚后新任职企业特征,从处罚后的第一年与第二年的新任职企业污点独立董事特征比较中可以发现,污点独立董事有着明显的风险规避意识,在处罚后的第二年选择资产负债率更低(0.423)、流动比率更高(2.529)、近三年处罚次数更少(3.810)的企业任职。此外,我们还比较了能够获得新任职污点独立董事的个人特征,发现女性(平衡董事会性别)、更年轻(年富力强)、教授和律师(需求最大)、经理和证券背景(实务经历)的污点独立董事依然能够获得新任职提名。

表4　新任职企业与污点独立董事的特征

变量	处罚后第一年			处罚后第二年		
	样本数	均值	中位数	样本数	均值	中位数
流动比率(Current_ratio)	118	1.925	1.543	21	2.529	1.692
资产负债率(Leverage)	118	0.609	0.515	21	0.423	0.433
独立董事薪酬(Salary)	118	14.090	14.030	21	13.860	13.820
上市公司近三年行政处罚次数(Violation)	117	6.420	5.000	14	3.810	3.500
年龄(Age)	118	54.300	54.000	21	51.570	52.000
性别(Female)	118	0.178	0	21	0.238	0
教授(Professor)	118	0.254	0	21	0.381	0
律师(Law)	118	0.085	0	21	0.238	0
经理(Manager)	118	0.144	0	21	0.333	0
证券公司(Security)	118	0.102	0	21	0.238	0

表5列示了污点独立董事受处罚后提前离任和未提前离任的其他任职企业特征。我们从中也发现污点独立董事风险规避机制的经验证据。受处罚后,污点独立董事提前离任的企业普遍表现为更多的处罚次数(1.737)、更高的资产负债率(0.573)以及更低的流动比率(1.870)。此外,与未提前离任样本组中的教授相比(0.349),传统文献认为的"花瓶"独立董事提前离任比例很低(0.062)。

表 5　其他任职企业特征

变量	未提前离任			提前离任		
	样本数	均值	中位数	样本数	均值	中位数
Salary	186	13.980	14.000	65	13.970	13.910
Violation	186	1.319	1.386	65	1.737	2.013
Leverage	186	0.542	0.510	65	0.573	0.564
Current_ratio	186	2.182	1.435	65	1.870	1.308
Age	186	53.940	54.000	65	54.050	54.000
Female	186	0.204	0	65	0.200	0
Professor	186	0.349	0	65	0.062	0
Law	186	0.145	0	65	0.154	0
Manager	186	0.161	0	65	0.130	0
Security	186	0.086	0	65	0.0615	0

五、实证结果与讨论

（一）基本回归

表6列示了污点独立董事任职数量的基本回归结果，从中可以发现，处罚时点（T）变量系数在回归（1）和回归（2）中的系数分别为－0.172和－0.160，且均在5%的统计水平上显著，表明污点独立董事在受处罚后，其任职企业数量不断减少，这意味着随着处罚时间的推移，污点独立董事在资本市场上所获的候选人提名数量不断减少，初步佐证了声誉机制或者风险规避机制的有效性。但需要强调的是，这可能是源于污点独立董事的风险规避机制的作用机理，即遴选风险较低的上市公司作为任职企业而拒绝风险较高的候选企业，从而导致任职数量减少；也可能是源于污点独立董事的市场声誉受损，其专业能力与勤勉态度受到质疑，无法得到上市公司的认同与提名。因此，有必要进一步区分任职企业特征与污点独立董事个人任职行为进行检验。

表 6 污点独立董事任职数量的基本回归

变量	(1) Inde_num	(2) Inde_num
T	−0.172**	−0.160**
	(−2.44)	(−2.19)
Age		−0.000
		(−0.00)
Female		1.170
		(0.74)
Professor		0.138
		(0.53)
Law		0.535
		(1.12)
Manager		−0.086
		(−0.27)
Security		−0.088
		(−0.29)
常数项	1.116	1.012
	(0.40)	(0.35)
观测值	223	223
R^2	0.865	0.869

注：括号内为 t 值；** 表示在 5% 的统计水平上显著。

（二）新任职企业

基本回归中的经验证据初步支持污点独立董事声誉机制和风险规避机制，但还需要进一步分离两者的作用效果，以便观察声誉机制和风险规避机制的单独效应，避免回归结果存在噪声干扰。

表 7 列示了污点独立董事新任职企业特征的回归结果。第(1)列至(4)列提供了污点独立董事新任职行为与企业特征的回归结果。第(1)列中污点独立董事新任职(New)的系数为 0.405 且在 10% 的统计水平上显著，表明相对于处罚时点任职企业的流动比率，污点独立董事新任职企业的流动比率特征有显著差异，且两者呈正向关系。这验证了假设 1b 中污点独立董事的风险规避机制假

说,即污点独立董事能够任职更优秀的企业,且偏好任职风险更低的企业。第(2)列和第(4)列则进一步佐证了假设1b。新任职(New)与资产负债率(Leverage)和近三年行政处罚次数(Violation)的企业特征变量在5%的统计水平上显著负相关,分别为−0.236和−2.374,说明污点独立董事新任职企业的资产负债水平更低、近三年违规处罚次数更少。这支持了风险规避机制假说,即污点独立董事能够且偏好任职于风险更低的新企业。

表7 污点独立董事新任职企业特征回归

变量	(1) Current_ratio	(2) Leverage	(3) Salary	(4) Violation
New	0.405*	−0.236**	−0.182	−2.374**
	(1.92)	(−2.07)	(−1.18)	(−2.22)
Age	−0.017	0.001	0.003	0.071*
	(−0.96)	(0.25)	(0.52)	(1.91)
Female	1.274***	−0.128	−0.171	−0.050
	(3.25)	(−1.26)	(−1.25)	(−0.06)
Professor	0.639*	−0.000	−0.093	−1.286
	(1.71)	(−0.00)	(−0.72)	(−1.64)
Law	0.258	−0.002	−0.078	−2.130*
	(0.51)	(−0.01)	(−0.44)	(−1.91)
Manager	−0.193	0.233**	−0.084	0.321
	(−0.46)	(2.12)	(−0.56)	(0.34)
Security	−0.250	0.122	0.063	1.251
	(−0.52)	(0.98)	(0.37)	(1.20)
常数项	2.511**	0.523**	13.981***	2.880
	(2.50)	(2.01)	(39.76)	(1.37)
观测值	139	139	139	139
R^2	0.132	0.084	0.042	0.122

注:括号内为t值;***、**、*分别表示在1%、5%和10%的统计水平上显著。

(三)其他任职企业

根据上文声誉机制与风险规避机制的比较分析,由于污点独立董事专业技能素养与道德品质受到质疑,声誉机制会导致其从其他任职企业提前离职,尤其是低风险、声誉高的企业。而风险规避机制则作用于独立董事个人的风险意识,其选择主动提前离任高风险的其他任职企业,避免潜在的连带处罚风险。因此,与新任职企业样本相比,污点独立董事是否会提前离任处罚时点的其他任职企业,这是本文检验声誉机制与风险规避机制假说的另一契机。表8列示了污点独立董事其他任职企业任职行为的回归结果。回归结果显示在声誉机制(风险规避机制)下,其他任职企业近三年违规处罚(Violation)和流动比率(Current_ratio)的系数均显著,分别为0.124(0.119)和−0.254(−0.173)。这表明污点独立董事偏好提前离任流动性水平较低、违规处罚次数较多的其他任职企业,而选择留任风险较低的其他任职企业。回归结果支持风险规避机制假说,假设2b得到验证。因此,污点独立董事在受到处罚后趋吉避凶,有更高的概率离任流动性水平低、违规处罚连带处罚风险高的其他任职企业。

表8 污点独立董事其他任职企业任职行为回归

变量	(1) Leave	(2) Leave
Violation	0.124***	0.119**
	(2.67)	(2.22)
Current_ratio	−0.254*	−0.173**
	(−1.69)	(−2.10)
Leverage	−0.417	−0.114
	(−0.80)	(−0.17)
Age		0.007
		(0.38)
Female		0.219
		(0.50)
Professor		−2.500***
		(−4.49)
Law		−2.891***
		(−2.76)
Manager		−2.774***
		(−3.29)

（续表）

变量	(1) Leave	(2) Leave
Security		0.631
		(0.86)
常数项	5.684	4.820
	(1.34)	(1.07)
观测值	251	251

注：括号内为 t 值；***、**、* 分别表示在1%、5%和10%的统计水平上显著。

六、稳健性检验

在上述回归检验的基础上，我们进一步采用 PSM-DID（倾向得分匹配-双重差分）方法对污点独立董事声誉机制和风险规避机制进行稳健性检验。这既是考虑到 PSM 能够缓解样本的选择性偏差，也是由于匹配过程可能会受到不可观测因素的影响，进一步将 PSM 和 DID 结合使用有助于部分解决这一问题。在匹配过程中，我们根据独立董事任职年份、专业背景、年龄和性别四个方面进行一对一匹配，最终得到502个样本数据。

表9列示了 PSM-DID 新任职企业特征的回归结果，其中污点独立董事（Target_inde）和新任职（New）的交互项是我们最为关注的变量。其中，第（1）列交互项（Target_inde×New）的系数在5%的统计水平上显著为正（1.237），表明与未受通报批评处罚的独立董事相比，污点独立董事同期新任职企业流动比率更高，即污点独立董事的风险规避偏好更高，进一步验证了假设1b。此外，在第（2）列和第（4）列中发现了类似的稳健经验证据，交互项（Target_inde×New）的系数分别为－0.164和－0.868，且在10%的统计水平上显著。这表明与同期未受通报批评处罚的独立董事相比，污点独立董事能够且偏好新任职资产负债率更低、违规处罚次数更少的企业，支持风险规避机制假说。

表9 PSM-DID 新任职企业特征回归

变量	(1) Current_ratio	(2) Leverage	(3) Salary	(4) Violation
Target_inde	－0.930***	0.123**	0.008	1.646**
	（－2.76）	(2.40)	(0.07)	(2.13)

（续表）

变量	(1) Current_ratio	(2) Leverage	(3) Salary	(4) Violation
New	−0.912***	0.041	−0.144	−0.528
	(−2.64)	(0.79)	(−1.23)	(−0.65)
Target_inde×New	1.237**	−0.164*	−0.070	−0.868*
	(2.27)	(−1.95)	(−0.37)	(−1.86)
Age	−0.022**	0.002	0.007**	−0.005
	(−2.23)	(1.01)	(2.11)	(−0.22)
Female	0.896***	−0.107***	−0.207***	−0.517
	(4.50)	(−3.34)	(−3.02)	(−1.16)
Professor	0.202	−0.052*	−0.003	−0.732*
	(1.05)	(−1.68)	(−0.05)	(−1.75)
Law	−0.113	−0.005	0.053	−0.809
	(−0.40)	(−0.11)	(0.55)	(−1.33)
Manager	−0.035	0.013	−0.082	0.490
	(−0.15)	(0.36)	(−1.05)	(0.97)
Security	−0.352	0.089*	0.043	0.366
	(−1.13)	(1.77)	(0.40)	(0.55)
常数项	3.034***	0.427***	14.072***	4.000***
	(9.66)	(9.01)	(132.60)	(5.42)
观测值	502	502	502	502
R^2	0.017	0.024	0.013	0.070

注：括号内为 t 值；***、**、* 分别表示在1%、5%和10%的统计水平上显著。

类似地，我们还对其他任职企业中的污点独立董事任职行为进行匹配稳健性检验，结果显示 Target_inde 的系数显著为正的1.334和1.130。这说明相比于同期未受处罚的独立董事，污点独立董事更有可能提前离任其他任职企业。此外，资产负债率（Leverage）和违规处罚（Violation）的系数均显著为正。这再一次佐证了污点独立董事与离任高风险企业之间的内在联系，即污点独立董事出于风险规避会提前离任高财务风险、违规处罚概率高的其他任职企业，而选择留任风险低的其他任职企业，支持假设2b。这表明资本市场声誉机制并没有通过重复博弈将弱监督者的信号传递到其他任职企业；或者说其他任职企业接收了这一信息，反而偏好监督水平低的独立董事，以加强对董事会的控制以及减轻对自身的监督束缚。促使独立董事提前离任的作用效果更多地体现了独立董事风险规避机制的作用机理。

表 10 污点独立董事其他任职企业任职行为回归

变量	(1) Leave	(2) Leave
Target_inde	1.334***	1.130**
	(3.12)	(2.46)
Current_ratio	−0.115	−0.209
	(−0.88)	(−1.35)
Leverage	2.370**	2.334**
	(2.35)	(2.03)
Salary	−0.273	0.076
	(−0.62)	(0.15)
Violation	0.071*	0.058**
	(1.74)	(2.20)
Age		−0.025
		(−1.07)
Female		−0.016
		(−0.04)
Professor		−2.082***
		(−3.98)
Law		−2.955***
		(−2.75)
Manager		−2.534***
		(−3.03)
Security		0.190
		(0.24)
常数项	2.319	1.726
	(0.46)	(0.31)
观测值	239	239
R^2	0.017	0.013

注:括号内为 t 值;***、**、* 分别表示在1%、5%和10%的统计水平上显著。

七、结论与展望

本文根据已有的文献,通过比较声誉机制与风险规避机制之间的作用路径差异,辨析声誉机制和风险规避机制的识别特征与表现形式。并以2015—2018年深交所"通报批评"的污点独立董事作为研究对象,检验污点独立董事任职的作用机理。研究发现:(1)声誉机制作用效果不显著。污点独立董事在受处罚后能够继续收到风险低企业的独立董事席位邀约,并留任违规风向更低的企业,这表明资本市场声誉机制并没有通过重复博弈,将弱监督者的信号传递到其新任职企业和其他任职企业。(2)污点独立董事任职更多地体现了独立董事的风险规避机制。污点独立董事后续任职行为体现了趋吉避凶的价值导向,其新任职企业的财务风险普遍较低,以及提前离任风险较高的企业。

上述经验证据意味着,对于污点独立董事后续声誉与风险规避这两种作用效果相近的机制,现阶段中国资本市场更多地体现了风险规避机制。声誉机制的作用效果受到限制,据此,我们有针对性地提出以下三条建议:(1)扩大处罚信息披露门槛与跨期。要求将仅遭到交易所通报批评的处罚信息在"候选人声明"中强制性披露,而且相关披露时限也应当向美国SEC学习,延长为10年有效期,因为独立董事过往遭到处罚的信息是投资者评价其专业胜任能力与职业操守的重要依据。(2)改革独立董事"候选人声明"模板类型的披露格式。现阶段独立董事披露的处罚信息仅限于格式化的"是"与"否"选项,没有提供因何种事项遭到处罚、何时何地接受处罚等具体信息,十分不利于投资者对污点独立董事的主观意愿与客观能力做出正确判断和评估。(3)证券交易所应当建立独立董事外部联动机制。当独立董事受到行政处罚时,应当要求污点独立董事任职的其他企业同时披露这一信息。因为这对投资者和中小股东而言是一项重大的公司治理信息变动,尤其是现阶段中国资本市场信息传递还存在一定滞后性,只有要求污点独立董事任职的其他企业同步披露相关处罚信息,才能够提升投资者对独立董事专业性、独立性和勤勉性的评价能力。

本研究仍然存在有待改进之处。尽管本文通过比较声誉机制与风险规避机制的作用路径差异,辨析两者的识别特征与表现形式,但没有进一步探索声誉机制的外在传播路径。例如对于声誉机制的作用路径,媒体和互联网的治理参与度是声誉机制起作用的重要媒介,本文的研究尚未深入挖掘这一影响机理。因此,未来的研究可以进一步探索媒体治理与独立董事声誉机制之间的联系,对其影响过程的分析将有助于我们深化对独立董事声誉机制与勤勉履职因素的认知和理解。

参 考 文 献

全怡,郭卿,2017."追名"还是"逐利":独立董事履职动机之探究[J].管理科学(4):3-16.

辛清泉,黄曼丽,易浩然,2013.上市公司虚假陈述与独立董事监管处罚[J].管理世界(5):131-146.

杨有红,黄志雄,2015.独立董事履职状况和客观环境研究[J].会计研究(4):20-27.

岳殿民,李雅欣,2020.法律背景独立董事声誉、法律环境与企业违规行为[J].南方金融(2):22-32.

周泽将,马静,胡刘芬,2019.经济独立性能否促进监事会治理功能发挥:基于企业违规视角的经验证据[J].南开管理评论(6):62-76.

AGARWAL A, JAFFE J F, KARPOFF J M, 1997. Management turnover and governance changes following the revelation of fraud[J]. Journal of law and economics, 17: 309-342.

AGGARWAL R, PRABHALA N, 2019. The power of shareholder votes: evidence from uncontested director elections[J]. Journal of financial economics, 111: 134-153.

BLACK B, CHEFFINS B, KLAUSNER M, 2006. Outside director liability[J]. Stanford law review, 58: 1055-1160.

CAI J, GARNER J, WALKLING R, 2009. Electing directors[J]. The journal of finance, 64: 2389-2421.

ERTIMUR Y, FERRI F, OESCH D, 2018. Understanding uncontested director elections[J]. Management science, 64: 3400-3420.

FAMA E T, 1980. Agency problems and the theory of the firm[J]. The journal of political economy, 88(2): 288-307.

FERRIS S, JANDIK T, LAWLESS R, et al., 2007. Derivative lawsuits as a corporate governance mechanism: empirical evidence on board changes surrounding filings [J]. Journal of financial and quantitative analysis, 42: 143-165.

FICH E, SHIVDASANI A, 2007. Financial fraud, director reputation and shareholder wealth[J]. Journal of financial economics, 86: 306-336.

FRANCOIS B, SURAJ S, 2014. Accountability of independent directors: evidence from firms subject to securities litigation[J]. Journal of financial economics, 111(2): 430-449.

GILSON S C, 1990. Bankruptcy boards banks and bond holders: evidence on changes in corporate ownership and control when firms default[J]. Journal of financial economics, 27: 355-388.

JIANG W, WAN H, ZHAO S, 2016. Reputation concerns of independent directors: evidence from individual director voting[J]. The review of financial studies, 29: 655-696

ROMANO R, 1991. The shareholder suit: litigation without foundation [J]. Journal of law economics and organization, 1: 55-87.

SRINIVASAN S, 2005. Consequences of financial reporting failure for outside directors: evidence from accounting restatements and audit committee members [J]. Journal of accounting research, 43: 291-334.

YERMACK D, 2010. Shareholder voting and corporate governance [J]. Annual review of financial economics, 2: 210-223.

业务财务信息整合与上市公司信息环境

李 哲 李星仪[*]

摘要 本文旨在探讨业务信息与财务信息整合（简称"业财融合"）对优化上市公司信息环境的影响。业财融合能够降低企业内部信息不对称性并减少管理层的投机机会，从而抑制管理层的盈余管理行为，提高企业的信息环境质量。本文从2009—2018年上市公司年报管理层讨论与分析中提取公司是否进行业财融合的数据，实证结果表明进行业财融合公司的盈余质量更高，信息环境更好；机制方面，企业可以通过降低风险承担水平、抑制非效率投资的方式来优化信息环境。进一步研究发现，(1)仅采用ERP系统不能显著优化公司信息环境，而绩效考核业财融合、人力整合业财融合、部门业财数据互联互通均能显著提升信息环境质量；(2)业财融合能够进一步提升会计信息披露的及时性。在一系列稳健性检验后，本文回归结果依然显著。

关键词 业财融合 信息环境 管理层讨论与分析

Business and Financial Information Integration and Corporate Information Environment

ZHE LI XINGYI LI

Abstract This paper investigates the effect of business and financial information integration (BFII) on improving information environment of listed firms in China. The adoption of BFII can help enterprises to reduce information asymmetry and restrain the speculative opportunities of the management, which reduces earnings management and improve information environment quality. This paper extracts the BFII data from the MD&A part of annual re-

---

[*] 李哲，中央财经大学会计学院、中国管理会计研究中心；李星仪，清华大学五道口金融学院。通信作者：李星仪；地址：北京市海淀区成府路43号；邮编：100083；E-mail：lixy.20@pbcsf.tsinghua.edu.cn。本文得到国家自然科学基金青年项目（71902210）、教育部人文社会科学研究青年项目（19YJC630092）、中央财经大学科研创新团队支持计划资助的支持。当然，文责自负。

ports of Chinese listed firms between 2009 and 2018. The empirical results show that BFII firms have lower earnings management and higher information environment quality. Besides, the reduction of risk-taking and inefficient investment are two effective mechanisms to improve the information environment. This paper further finds that (1) Mere adoption of ERP system cannot significantly optimize corporate information environment, while performance evaluation, human resource integration, and business-finance data interconnection can help; (2) BFII could further improve the timeliness of corporate information disclosures, the results are still significant after a series of robustness tests.

Key words Business and Financial Information Integration; Information Environment; Management Discussion and Analysis(MD&A)

一、引　言

业务信息与财务信息整合(以下简称"业财融合")是一种重要的企业层战略,根据CGMA研究报告《业财融合2016:全球的考察和中国的进展》,业财融合的核心是管理会计师作为企业的合作伙伴参与企业的经营活动,在各个流程环节发挥其咨询、规划、风险管控、流程控制等影响力。在传统价值链中,经营业务处于核心地位,业务在前、会计核算在后,管理会计的主要作用是如实反映经营业务;管理会计中的标准成本法、作业成本法、平衡记分卡等理念或模型本身也不直接在战略制定和经营决策中发挥作用,而是辅助企业确定长期战略规划与中短期经营决策,实际上是决策支持系统(胡玉明,2017)。而在业财融合理念的指导下,业务部门与财务部门表现为互动的关系,企业财务人员不再只发挥核算和监督作用,而是实质性地参与企业的日常经营,在经营活动开始前参与规划,在经营活动中协同确认完工进度,在经营活动后提供有效信息反馈;同时,业财融合产生的协同效应也会挣脱短期经营的藩篱,在中长期战略规划方面进行整合应用,从而在生产经营活动、人事管理、绩效评估、风险控制等方面共同发挥影响力。随着经济全球化的加强,业务和财务融合对于提升企业竞争力具有重要作用。业财融合重新定义了企业财务部门和业务部门的角色,具有重要的战略意义。在复杂化及多元化的全球竞争中,业财融合强化了上市公司财务信息反映经营状况的能力,对于优化企业的信息环境、增强企业的全球竞争力至关重要。

在业财融合逐步形成全球化趋势的情况下,我国财政部2016年在《管理会计基本指引》(财会〔2016〕10号)中指出,运用管理会计应"融合财务和业务等活动",并"支持单位各层级根据战略规划做出决策"。在政策指引下,目前我国越来越多的上市公司开始逐步将业财融合纳入日常经营。2017 年,我国财政部对《企业会计准则第 14 号——收入》做了修订,在收入确认方面趋同于国际会计准则第 15 号,更加注重会计信息反映的时效性与相关性。新的准则提出"五步法"作为收入和费用确认的原则,将完工百分比法作为财务部门确认收入的依据,而完工程度则是业务部门的重要指标。在"五步法"的应用过程中,业务部门和财务部门及时、有效的沟通也成为保证财务信息准确的关键。研究业财融合对于企业信息环境的影响,有助于验证我国 2017 年修订的收入确认原则的实践意义,将宏观政策指引落到实处。

相比于西方发达国家,我国上市公司业务部门和财务部门的协作关系具有特殊性。西方发达国家和地区的上市公司具有较短的权力距离,业务部门和财务部门注重系统协调与部门间的关联互动;中国上市公司更加注重管理文化,具有较长的权力距离,领导的分工管理强调不同部门之间的权力分配(Allen,2005)。在长权力距离和领导分工管理下,分工管理不同部门的管理者有动机对其他部门设置信息访问权限。在这种隔离下,分工管理者和所属部门更熟悉自己部门的业务特点,而未必熟悉其他相关部门工作的具体流程。因此,研究业财融合对信息环境的影响,对于中国上市公司打破部门区隔、强化部门间协同合作具有特殊意义,也是对国际经验与我国经验的融合性的一次检验。

本文采用文本分析方法,从公司年报中识别企业采用业财融合的起始时点,继而从两方面论证业财融合与信息环境之间的关系。一方面,当财务部门整合了业务部门的信息后,完工百分比的确认会更加准确,收入与费用更契合业务进程,进而会降低盈余管理水平、提高财务信息质量,从而有助于优化信息环境;另一方面,业务部门与财务部门之间的信息流动更加顺畅,企业信息壁垒减少,部门间互相监督更便捷,进而会遏制风险较大的财务决策,从而有助于优化信息环境。同时,本文验证了业财融合提升企业信息环境的机制主要包括降低风险承担水平与抑制非效率投资。进一步研究发现:(1)仅采用 ERP 系统的业财融合不能显著优化公司信息环境,而绩效考核运用业财融合、人力整合业财融合、部门业财数据互联互通均能显著降低盈余管理水平,提升公司信息环境质量;(2)业财融合可以显著提升会计信息披露的及时性。在稳健性检验中,本文采用真实盈余管理替代应计盈余管理作为被解释变量,发现业财融合主要降低应计盈余管理,而仅对部分真实盈余管理有作用;同时,采用月度收益率变动的年化方差,替代日度收益率变动的年化方差来衡量风险进行检验,回归结果与主回归一致。另外,本文采用 Heckman 两步法,在修正自选择问题后再次进行回归,发现业财融合对优化信息环境的作用仍然显著。

本文的主要贡献体现在如下三方面:

第一,本文丰富了现有关于信息环境影响因素的研究。现有研究中,关于业财融合在信息环境优化中发挥的作用研究得还不够。已有研究表明,团队成员的整合度越高,其价值观一致性也越高,从而降低沟通成本、加强协同效应(Certo et al.,2006;Bizjak et al.,2009)。本文的研究结果表明了业财融合在优化企业信息环境方面的重要性,与研究信息环境的文献也存在内部关联性。

第二,本文丰富了关于业财融合经济后果的研究。现有大部分文献侧重于资本运作方面,如业财融合对投资并购与供应链(例如,Cheng et al.,2013)等的影响。业财信息的融合作为信息传递的重要环节,能够提高企业信息生产和披露的重要性,因此其对信息环境优化的影响应当比并购或供应链更直接、更重要。

第三,本文为上市公司提高在资本市场上的竞争力提供了思路。本文论证了上市公司进行业财融合可以显著优化企业信息环境、提高信息流通性,进而降低企业与投资者之间的信息不对称。上市公司推进业财融合符合会计的时效性及相关性的质量特征要求且具有可行性,因此政策上可以继续予以支持和鼓励,也可以进一步将鼓励业财融合的相关政策与提升企业信息环境的激励措施结合在一起。

下文按照以下顺序展开:第二部分综述了业财融合的经济后果以及信息环境影响因素的文献,并提出假设;第三部分解释了数据和变量,并提出了实证模型;第四部分报告了描述性统计与主回归结果;第五部分进行变量替换、机制检验等进一步分析;第六部分针对测量误差和自选择问题进行稳健性检验;第七部分总结全文并提出建议。

二、文献综述与假设提出

(一)文献综述

1. 业财融合的影响因素与经济后果

根据已有文献,本文将业财融合定义为整合业务部门与财务部门,促进企业内部信息相互关联整合的信息交流与互通的企业层战略。由此,财务信息更能够跟踪企业经营状况,同时经营信息也更能够作为财务反映及预测的支撑。已有研究关于业财融合的经济后果一般是积极的。

在业财融合的影响因素方面,客观上需要公司在战略上提供支持,这可以促进业务部门与财务部门之间的信息沟通,构建两者相互信任的纽带(Cullen and Patel,2007)。刘岳华等(2013)的研究指出,企业高层的支持也可以促使企业在资源分配上对业财融合的实施有所倾斜,主观上也有赖于企业业务部门和财务部门人员的能力水平、知识结构和团队合作精神;业财融合需要企业的业务人员对财务知识有所了解,财务部门人员也不应局限于财务类知识,需要拓展知识面,否则难以与前线业务员工进行有效互动(刘岳华等,2013)。

有关业财融合的经济后果,在宏观层面上,业财融合可以促进管理会计在国家治理及竞争环境中发挥作用,有利于各部门之间的协调与沟通,提升中小企业预算管理质量(何保国,2019)。在个体企业层面,业财融合能够提高跨国企业在全球价值链中的竞争力(Imbs,2006;Gu et al.,2017),同时提高企业财务信息等的内部信息质量(Bai et al.,2018),从而提升投资效率,抑制管理层的非效率投资行为(林煜恩等,2018)。Ma and Wang(2016)指出,业财融合减少了企业内部的信息冗余,提高了信息传递的效率。类似研究包括财务人员参与企业日常经营的影响,以及业务部门的人员参与财务决策的正向效果,王立彦和张继东(2007)的研究发现,采用了ERP系统的企业业绩指标显著优于未采用ERP系统的企业,在小规模企业中该效果更加明显。Zoni and Merchant(2007)对意大利大型企业的问卷调查研究发现,企业的财务主管参与经营决策过程可以显著提升企业的经营业绩,从而提高决策效果。Ma and Wang(2016)的研究表明,财务部门利用业务部门反馈的信息可以及时进行事前、事中及事后的风险防控,保障运营的稳定性。

但现有关于业财融合经济后果的研究仍然不足。本文认为这主要包括两方面的原因:一是目前学术上对于业财融合的定义仍然不够明确;二是对于企业业财融合的度量还存在难度。在业财融合的定义上,已有研究有的混淆了业财融合与管理工具的概念。比如Jacobs and Whybark(2000)、Giachetti(2004)、Gil-Garcia et al.(2009)、Jagoda and Samaranayake(2017)等都是用企业是否采用ERP系统来度量业财融合,但ERP系统仅仅是企业经营层面的辅助性工具,而业财融合则代表公司层面的一种理念及企业战略,因此这种度量方式存在一定的局限性和偏误。本文定义的业财融合参照《管理会计基本指引》的表述,包含企业经营的方方面面,比如招聘条件、企业文化、跨部门信息共享、企业管理风格等。

2. 信息环境的影响因素

信息环境主要包括外部资本市场与上市公司内部两部分。Dechow and

Schrand(2010)研究发现,当企业盈余质量较高时,更能为企业内部、外部决策者提供有助于做出合理决策的财务信息。其中,外部信息环境的提升有赖于公司的盈余质量,公司盈余质量越高,外部投资者对公司披露的财务信息的信任度也越高(罗炜和饶品贵,2010)。企业内部决策者是使用信息的管理层,而Dorantes et al.(2013)指出企业管理层在决策时依赖于企业内部信息环境。因此,企业盈余质量越高,管理层决策所依赖的内部财务信息质量也越高,信息环境越好;同时,管理层出于机会主义的动机,存在过度利用会计规则弹性空间进而操纵盈余的行为(李晓月等,2020);但上市公司信息环境越好,内部透明度越高,管理层的机会主义动机也会被削弱,从而减少盈余管理操纵(梁上坤,2017)。以往的实证研究方面,Richardson(2000)发现信息环境越不透明的公司表现为盈余管理程度越高;Cohen et al.(2008)发现公司的信息不对称程度越高,管理层进行盈余管理的倾向越显著,而信息环境透明的公司则不存在显著的盈余管理操作。目前有大量研究文献表明,企业在盈余方面采取的政策越保守,对应的企业信息环境越好(例如,Ball et al.,2000;Ball and Shivakumar,2005;Hu et al.,2014)。基于以上分析,本文采用企业盈余质量来衡量企业内部信息环境质量。

现有研究关于上市公司信息环境的影响因素主要包括内部与外部两类。外部因素指资本市场的特征以及宏观政策。Lang et al.(2003)发现,本国上市公司如果同时在国外的交易所上市,那么其信息环境质量越高;Gallemore and Labro(2015)发现,所处国家的税率越低,企业信息环境越好。有关企业内部因素,Upadhyay and Zeng(2014)研究发现,企业董事会性别及年龄多样性可以优化企业信息环境;Haß et al.(2014)指出,公司治理越好,企业信息环境也越好。其中,有关企业内部信息整合对信息环境的影响因素与业财融合的关联度较大。

在信息整合方面,Hu et al.(2014)利用43个国家的样本,结果表明采取会计保守原则企业的信息流动更畅通、信息环境更好。Soderstrom and Sun(2007)研究表明,采取IFRS(国际财务报告准则)的企业比没有采取IFRS的企业的信息环境更好,而采取IFRS意味着企业财务信息反映业务信息的时效性,以及财务信息支持业务决策的相关性都得到提升。Dorantes et al.(2013)研究表明,整合的企业系统能够提升企业的信息环境,而业财融合则属于企业系统及资源整合的一种具体表现。罗蓉曦和陈超(2018)研究发现,高管团队成员共事时间越长,公司信息披露质量越高。

在上市公司业财融合对盈余管理的影响方面,以往研究主要采用ERP系统度量业财融合,且相关研究结论存在矛盾。比如,陈宋生和赖娇(2013)认为ERP系统的应用可能会更有利于企业进行盈余操纵,从而降低盈余质量。但张子余等(2016)的实证研究表明我国企业的IT投资能够提高盈余信息的质量;袁蓉丽等(2017)的研究也表明ERP系统的应用能够提升上市公司内部控制质量;而内部控制质量的提升可以增强企业财务报告质量,降低经营和信息风险(武恒光等,2020),并抑制股价同步性(闫珍丽和杨有红,2018),从而提升盈余质量。一方面,本文将业财融合定义为公司层面的战略,由于ERP更多地集中于经营层面,因此ERP系统的引入不够全面;另一方面,以往有关业财融合与盈余管理关系的研究尚未得出一致结论,存在进一步研究的空间。

因此,已有文献已经对本文研究话题有所涉及,但没有具体到对企业信息环境的影响。本文研究业财融合对信息环境的影响,一方面推进了业财融合的经济后果研究,对政策理论给予支持;另一方面补充了信息整合能够优化企业信息环境的相关文献。

(二)假设提出

企业中不同的部门之间往往需要不断地互换交流信息,以协调经营和反映工作进度,完成价值链上各项活动的有机统一,达到价值增值的目的,但沟通也必然伴随着时间成本以及因理解不同而阻碍信息传递的风险。而对于部门管理者来说,由于自身专业的相关性,且一般对本部门的信息会非常熟悉,而来自其他部门的信息往往是部门管理者不熟悉或非专业的领域,需要反复确认以确保准确性并进行下一步决策。财务信息对企业的生产经营决策的准确性、决策效率至关重要(Seal et al.,1999),同时也为经营决策所产生的财务后果提供量化支撑(dos Santos et al.,2018)。一方面,随着企业经营领域的不断扩张以及经营业务的多元化趋势发展,越来越多的中国上市公司开始将业财融合纳入企业层战略,在组织框架下而非单独的部门之间进行整体的协调,由此将业财融合作为一种长远的战略部署而非短时间的局部调整。另一方面,业财融合不仅促进了跨部门的信息交流,也扩展了财务部门的角色(Guo,2019),加强了不同部门之间专业能力的整合,提高了企业的运营效率。

其一,在业财融合的过程中,上市公司内外部的信息不对称降低,管理层的投机机会减少。内部信息沟通包括企业内部不同部门之间的信息传递,外部信息沟通则主要指对利益相关者的信息披露。对企业而言,收入确认越及时,其相关性越高(Frankel and Li, 2004),企业内外部信息不对称程度越低、代理问题越少(Dal Magro et al., 2017),企业信息环境质量越高。在了解业务信息后,财务部门对于企业经营运行的内部逻辑也更加清晰,由此更能在合适的时间及时确认收入,提高财务信息反映经营状况的准确度以及支撑决策的相关度。Hu et al. (2014)指出收入确认越及时,管理层进行盈余操纵的空间越小,企业信息环境质量越高。对于企业的财务部门管理层,由于内部信息更加畅通,企业各部门及其成员对于经营情况和财务状况及其相关逻辑都更为清楚,财务部门想要使用盈余管理、过度投资或投资不足等方式美化财务报告的难度增加,从而减少投机的可能性。以往研究表明,企业的信息优势能够保证其盈利预测更加准确(例如,Hurwitz, 2018;Kwak et al., 2012),而在未进行业财融合的企业,信息不对称以及跨部门专业不熟练都会导致信息壁垒。

其二,业财融合通过人力整合来提升各部门间的协同效应。已有研究表明,提高团队成员的整合程度可以减少沟通成本,进而提升整体协同效应(Certo et al., 2006;Bizjak et al., 2009;Bo et al., 2019)。业财融合还能通过提高组织的整体文化氛围来降低信息壁垒等。行为学中的熟悉度理论(familiarity theory)表明,不熟悉的人在相互接触的过程中,消极情绪会减弱,转而变成逐步增强的信任和好感。因此,随着业财融合的进行,业务部门人员与财务部门人员之间的接触更加密切,相互沟通交流不断深入,会逐步降低对彼此的防御,进一步增加信任度,从而增强部门之间的联系和信任。沟通可以促进形成一种共同语言(common language),并同化人们观念上的差异(Sodré, 2019);而在整体企业层面,业务部门和财务部门能进一步联系其他各部门进行沟通,从而在整个企业内部形成共同语言,打破业务部门和财务部门及其他不同部门之间的信息壁垒,减少因理解偏差而导致的信息传递障碍风险,从而优化企业的信息环境。

其三,业财融合是部门间数据的互联互通,而非仅流程方面的打通。在业财融合之前,基于价值链上对于基础性活动及辅助性活动的划分,企业的财务部门位于后端流程,主要任务在于财务记录及已有数据处理,只是起到信息反映等经营辅助活动的作用,但实际上已经达到打通流程的效果;在与业务部门等基础性活动部门沟通不紧密的情况下,上市公司业务部门也难以区分不同经济数据的重要性。在业财融合之后,财务部门更加了解企业日常经营的逻辑,上市公司业务部门也更容易使用专业的财务数据用于决策、控制及反馈等经营活动环节。而在数据互联互通后,企业人力资源部门能更好地利用财务信息进行人才管理(Ruan and Liu,2016)。例如,在信息相关性提升后,财务部门在记录运营状况并编制预算报告等方面,能够在心中有数的情况下完成相关工作,进而提高财务信息质量;业务部门更加理解财务指标的含义及其中的异常值,也更能进行及时、准确的调整,而在了解不同财务信息的主次关系后,业务部门在生产相关信息时也更有目的性。

基于以上分析,本文预测进行业财融合企业的信息环境更有可能得到优化。

假设 1 与未进行业财融合的上市公司相比,进行业财融合的上市公司信息环境优化程度更高。

更进一步地,在业财融合优化上市公司信息环境的作用机制方面,企业可以通过业财融合的方式增强各部门间交流沟通的流畅性并提高效率。业财融合是企业层面的战略部署,会体现在企业运营的许多方面,而不只限于对经营状况的反映,包括招聘、岗位轮换以及会计规则的应用(如收入及成本的确认)等,从而有助于内部信息的流动,作为多方决策的依据,提高整体企业运行的效率。业财融合能够提高上市公司按完工百分比确认收入的及时性与准确性,从而提高收入确认的质量,因此公司内部控制加强,管理层操纵的空间变小(Hu et al.,2014)。此外,Bargeron et al.(2010)发现公司内部控制加强后管理层风险承担水平会降低,相比之下,尚未进行业财融合的上市公司部门间信息交流成本则会增加。一方面,财务部门的财务记录难以做到及时、准确地反映日常运营中的"完工百分比"等关键信息,降低了财务信息的相关性和准确度,加大了业务部门做进一步决策的难度,也增加了外部投资者对公司运营状况的评价出现偏差的风险;另一方面,运营部门也难以使用财务数据做出优化流程等的决策,增加了经营活动的风险。以往研究表明进行盈余管理会增加企业的诉讼风险(Venkataraman et al.,2008),相比于未进行业财融合的企业,采用业财融合上市公司的盈余管理操纵越少,财务信息质量越高,内部信息环境越好。

基于以上分析,本文预测进行业财融合的企业可以通过降低风险承担水平的方式来优化信息环境。

假设 2 相比于未进行业财融合的企业,进行业财融合的企业通过降低公司承担的非系统性风险来优化内部信息环境。

根据以往研究,企业信息不对称程度越高,内部控制机制越弱(Shen et al.,2015),因此业财融合有助于提高公司内部控制与监督水平。企业实行培训或轮岗等提高经营效率的措施,目的也正是让员工更加了解企业日常运行,从而在宏观上相互协调、统一进度,并确保企业财务方面的稳定性(Buryakov et al.,2019)。而业财融合能够很好地起到这方面的作用,将经营现金流和投资现金流控制在合理的范围内。Giroud and Mueller(2010)研究发现治理水平较低的企业更容易进行非效率投资;方红星和金玉娜(2013)也发现较高的内部控制水平可以抑制非效率投资,因此业财融合企业对应的投资效率会更高。在信息传递方面,业财融合能够提高信息传递的及时性,财务部门更了解业务部门决策更需要哪些指标等信息,会优先传递对其决策效用更高的信息;而业务部门在了解财务部门处理信息的逻辑后,也能优先提供决策者及外部投资者更关注的信息,避免企业有效投资不足导致资金闲置的情况,或者进行大规模的资本扩张导致的现金流紧张,甚至进一步导致长期持久性的股价崩盘风险(江轩宇和许年行,2015)。Chen et al.(2011)发现盈余管理水平越高,越容易发生过度投资,因此投资效率越高公司的盈余管理水平越低,信息环境会越好。

基于以上分析,本文预测进行业财融合的企业可以通过降低非效率投资的方式来优化信息环境。

假设3 相比于未进行业财融合的企业,进行业财融合的企业可以通过降低非效率投资来优化信息环境。

三、研究设计

(一)数据来源和研究变量

1. 业财融合的度量

为了识别上市公司采用业财融合的情况,本文整理了2009—2018年沪深A股上市公司年报中的"管理层讨论与分析"(MD&A)部分。根据Bryan(1997)的研究,"管理层讨论与分析"部分可以提供上市公司年报的补充信息,降低企业与股东之间的信息不对称。本文将样本起始时间设定为2009年主要是因为根据描述性统计结果,2009年前后中国上市公司开始逐步采用业财融合战略且逐年增多。继而,本文利用机器学习的文本分析方法整理出企业是否进行业财融合的数据。其中,公司年报数据来自巨潮数据库;其他控制变量数据来自CSMAR、Wind以及Resset数据库,并排除金融业上市公司以及数据缺失的企业。最终,主回归包含10 000多条样本观测数据。

关于具体业财融合数据的提取方面,本文首先利用机器学习识别报告第一页标注的股票代码,将每份报告与各自的企业及财年联系在一起。接着,本文识别报告中所有的图片和表格,并将其各自分离。对于图片,本文将里面的文字转换为文本储存;对于表格,一般以"单位(元)""单位(股数)""编号""企业名称"开头,以"合计""示例""变动原因"以及一些带超链接的词语如"详见注释17"或下一章节的标题等结尾。本文据此将所有表格按相应的开头和结尾分离出来,接下来将带格式的内容移除,包括"标题""内容""附件""邮箱地址"等。至此,数据库中的数据已清洗完毕。为了提取"管理层讨论与分析"部分,本文随机选取数据库中10%的报告,并人工阅读"管理层讨论与分析"部分,从而确定"管理层讨论与分析"部分的主要特征。该部分主要由"管理层讨论与分析"等字样开头,包括"经营性讨论与分析""董事会报告""经营情况回顾与展望"等字样开头,同时排除含"见管理层讨论与分析"等字样的部分,结尾部分则一般是下一章节的标题。最后,从数据中随机选取样本,并检验文本分析的结果,结果表明准确率达到98%,可以支持进一步的分析。

基于"管理层讨论与分析"部分,本文将识别的文字分为两组:第一组是包括"开始""采用""应用""进行"等表示开始的动词;第二组是包括"业务与财务信息融合""业财融合""财务信息共享""业财中心""业财整合""业务财务整合""财务业务整合""业务财务一体化"等表示业财融合的词组。采用文本分析的方法,本文得到企业"管理层讨论与分析"部分在同一句子且同时包含前述两组词组的数据。例如,若"管理层讨论与分析"中含有"我们成功进行了业务信息与财务信息的融合",则表示企业在当年及接下来的年份都进行了业财融合。

本文将业财融合定义为 BFII 哑变量,若 i 企业在第 t 年采用了业财融合,则 BFII 取值为 1^1;反之,若 BFII 取值为 0,则 i 企业在第 t 年及之前年份从未采用业财融合。

2. 信息环境的度量

基于已有研究,本文采用上市公司盈余质量来衡量内部信息环境质量,具体用应计盈余管理表示。本文参照 Kothari et al.(2005)、Dechow and Dichev(2002)以及二者的平均值,分别设置了三个被解释变量 Accrual_kothari、Accrual_dd 和 Accrual_avg。具体而言,Accural_kothari 为 Kothari et al.(2005)考虑业绩的截面修正 Jones 模型度量的盈余管理,再加入 ROA 以控制业绩对应计利润的影响;Accrual_dd 为按 Dechow and Dichev(2002)模型度量

---

[1] 根据通常做法,默认在随后第 $(t+n)$ 年企业均采取业财融合战略。

的盈余管理,采用营运资本变动扣除第 $t-1$ 年、第 t 年、第 $t+1$ 年经营活动净现金流变动的绝对值;Accrual_avg 则采用前两个被解释变量平均的方式表示。因此,三个被解释变量的变动方向相同,数值越大,表明盈余管理水平越高。

3. 风险承担与非效率投资的度量

在风险承担方面,本文参照 Huang et al.(2010)设置了三个度量企业风险承担的变量 Day_ttlrisk、Day_sysrisk 和 Day_unsysrisk。其中,Day_ttlrisk 表示总风险承担,为上市公司在整个会计年度日股价变动收益的年化方差;同时,参照 Dimson(1979)的模型构造,增加五个领先的市场收益数据和五个滞后的市场收益数据对非同步交易进行调整,将总风险分解为系统性风险 Day_sysrisk 和非系统性风险 Day_unsysrisk。

在非效率投资方面,本文参照 Richardson(2006)、方红星和金玉娜(2013)的方法设置被解释变量,首先将企业的投资总额对 Tobin's Q、财务杠杆、上市年数、企业规模、再投资收益率进行回归得到期望投资额;实际投资额与期望投资额的差值即为公司非效率投资部分,其中正数表示过度投资,负数表示投资不足,本文将其取绝对值以构造非效率投资变量 Ine_inv 及其绝对值 Abs_ine_inv。此外,为了更好地表示业财融合对非效率投资的影响,本文加入公司自由现金流 Fcf,表示企业在投资了所有正净现值项目后余下的现金流。

(二)研究模型

为了研究业财融合对企业信息环境的影响,基于上述变量及研究方法,本文采用双向固定效应模型,构建以下三个主回归模型分别检验本文的三个假设:

$$\text{Accrual}_{i,t} = \alpha_0 + \alpha_1 \text{BFII}_{i,t} + \alpha_2 \text{Controls}_{i,t} + \gamma_t + \mu_i + \varepsilon_{i,t} \quad (1)$$

$$\text{Risk}_{i,t} = \alpha_0 + \alpha_1 \text{BFII}_{i,t} + \alpha_2 \text{Controls}_{i,t} + \gamma_t + \mu_i + \varepsilon_{i,t} \quad (2)$$

$$\text{Ine\_inv}_{i,t} = \alpha_0 + \alpha_1 \text{BFII}_{i,t} + \alpha_2 \text{Controls}_{i,t} + \gamma_t + \mu_i + \varepsilon_{i,t} \quad (3.1)$$

$$\text{Fcf}_{i,t} = \alpha_0 + \alpha_1 \text{BFII}_{i,t} + \alpha_2 \text{Controls}_{i,t} + \gamma_t + \mu_i + \varepsilon_{i,t} \quad (3.2)$$

在主回归模型中,i 与 t 分别表示 i 企业与第 t 年。被解释变量 Accrual$_{i,t}$ 为盈余管理,包括三个指标,分别是 Dechow and Dichev(2002)模型衡量的 Accrual_dd$_{i,t}$,Kothari et al.(2005)考虑业绩的截面修正 Jones 模型衡量的 Accrual_kothari$_{i,t}$,以及二者平均的 Accrual_avg$_{i,t}$。解释变量 BFII$_{i,t}$ 为业财融合情况,若 i 企业在第 t 年采用了业财融合,则 BFII$_{i,t}$ 取值为1,否则取值为0。

式(1)中,根据以往研究企业信息环境的文献,本文控制了一系列可能影响结果的变量 $Controls_{i,t}$,包括企业规模 Size、财务杠杆 Lev、避亏动机 Avloss、股权集中度 Shareholder_top1、所有权 SOE、独立董事占比 Out_ratio、CEO 薪资 Salary_ceo、销售利润率 ROS、现金占比 Cash_mta、是否国家保护产业 Protect_ind;式(2)中,Risk 包括 Day_ttlrisk、Day_sysrisk 和 Day_unsysrisk 三个指标;式(3)中,Ine_inv 代表非效率投资,Fcf 代表公司持有的自由现金流;其余变量的构造与式(1)完全相同。

为了消除不随时间变化的未观测变量对回归结果的影响,本文采用固定效应模型,γ_t 为时间固定效应,μ_i 为公司固定效应,$\varepsilon_{i,t}$ 表示残差项。表1给出了变量的定义及详细解释。

表1 变量定义

	变量	定义和度量
被解释变量	Accrual_dd	Dechow and Dichev(2002)模型度量的盈余管理,采用营运资本变动扣除第 $t-1$ 年、第 t 年、第 $t+1$ 年的经营活动净现金流变动的绝对值
	Accrual_kothari	Kothari et al.(2005)考虑业绩的截面修正 Jones 模型度量的盈余管理,再加入 ROA 以控制业绩对应计利润的影响
	Accrual_avg	应计盈余管理的平均,Accrual_avg=(Accrual_dd+Accrual_kothari)/2
	Fcf	自由现金流,为企业投资所有正净现值项目后余下的现金流,参照 Richardson(2006)模型构造
	Ine_inv	非效率投资,包括过度投资与投资不足,参照 Richardson(2006)模型构造
	Abs_ine_inv	非效率投资的绝对值
	Day_ttlrisk	总风险承担,上市公司日股价变动收益的年化方差
	Day_sysrisk	由日股价变动年化方差拆解的系统性风险,参照 Dimson(1979)模型构造
	Day_unsysrisk	由日股价变动年化方差拆解的非系统性风险,参照 Dimson(1979)模型构造
	Month_ttlrisk	总风险承担,上市公司月股价变动收益的年化方差
	Month_sysrisk	由月股价变动年化方差拆解的系统性风险,参照 Dimson(1979)模型构造
	Month_unsysrisk	由月股价变动年化方差拆解的非系统性风险,参照 Dimson(1979)模型构造

(续表)

	变量	定义和度量
解释变量	BFII	基于公司 MD&A 的业财融合虚拟变量：当上市公司进行业财融合时，BFII 取值为 1，否则 BFII 取值为 0
	Size	企业规模，资产账面价值的对数
	Lev	财务杠杆，资产负债率＝负债账面价值/资产账面价值
	Avloss	避亏动机，若 ROA 介于 0—5% 之间，则 Avloss 取值为 1，否则 Avloss 取值为 0
	Shareholder_top1	股权集中度，第一大股东持股比例
	SOE	北大国发院发布的是否国有企业的虚拟变量
	Out_ratio	独立董事占比，独立董事人数/董事会人数
	Salary_ceo	CEO 薪资的对数
	ROS	销售利润率＝净利润/销售收入
	Cash_mta	现金占比＝现金及现金等价物/资产账面价值
	Protect_ind	是否国家保护产业
进一步分析	BFII_biz	绩效考核运用业财融合
	BFII_staff	人力整合、培训、轮岗等运用业财融合
	BFII_erp	仅采用 ERP 系统的业财融合
	BFII_data	部门数据互联互通业财融合
	Initial_lag	上个会计年度结束日与年报首次预告日之间的时间间隔取自然对数
	Auditorsign_lag	上个会计年度结束日与年报审计师签署审计报告日的时间间隔取自然对数
	Total_laga	上个会计年度结束日与年报实际披露日的时间间隔（日历天数）取自然对数
	Total_lagb	上个会计年度结束日与年报实际披露日的时间间隔（交易天数）取自然对数
稳健性检验	EM_cfo	操控销售活动的真实盈余管理
	EM_prod	操控成本的真实盈余管理
	EM_disexp	操控酌量性费用的真实盈余管理
	EM_proxy	总体真实盈余管理
	Internet_user	各省份网民数
	Internet_usage	各省份互联网普及率

四、实证结果与分析

(一)描述性统计

为了减少极端值可能的影响,本文对所有连续变量进行1%—99%的缩尾处理。表2为变量的描述性统计结果。关键解释变量BFII的均值为0.005,表明在2009—2018年的观测期内只有0.5%的企业进行了业财融合。盈余管理方面,Dechow and Dichev(2002)模型度量的盈余管理Accrual_dd的均值为0.086,Kothari et al.(2005)考虑业绩的截面修正Jones模型度量的盈余管理Accrual_kotari的均值为0.050,二者平均的指标Accrual_avg的均值为0.068。对于其他控制变量,企业规模的均值为21.980,财务杠杆的均值为44.9%,避亏动机的均值为0.046,第一大股东持股比例的均值为34.32%,国有企业占比的均值为40.0%,独立董事占比的均值为37.2%,CEO薪资的均值为11.820,销售利润率的均值为8.2%,现金占比的均值为10.0%,平均9.1%的上市公司所属行业为国家保护产业。

表 2 变量的描述性统计

变量	均值	标准差	最小值	中位数	最大值
BFII	0.005	0.071	0.000	0.000	1.000
Accrual_dd	0.086	0.060	0.022	0.069	0.254
Accrual_kothari	0.050	0.102	0.000	0.033	10.320
Accrual_avg	0.068	0.065	0.011	0.056	5.289
Size	21.980	0.833	20.880	21.930	23.090
Lev	0.449	0.164	0.231	0.451	0.661
Avloss	0.046	0.208	0.000	0.000	1.000
Shareholder_top1	34.320	10.850	21.520	32.770	49.880
SOE	0.400	0.490	0.000	0.000	1.000
Out_ratio	0.372	0.053	0.308	0.333	0.571
Salary_ceo	11.820	3.963	0.000	13.020	15.320
ROS	0.082	0.162	−0.693	0.066	0.643
Cash_mta	0.100	0.075	0.002	0.079	0.346
Protect_ind	0.091	0.288	0.000	0.000	1.000

表3为采用业财融合企业的分布状况。从2013年起,进行业财融合的上市公司不断增多。2016年,财政部发布的《管理会计基本指引》进一步鼓励企业进行业财融合。数据显示,2009—2018年,新增业财融合企业数量逐年增加,截至2018年,共251家上市公司进行了业财融合,占所有A股上市公司的6.99%。

表3 采用业财融合企业的分布

年份	新增采用业财融合企业数量(A)	累计采用业财融合企业数量(B)	A股上市公司数量(C)	累计采用业财融合企业占比(B)/(C)(%)
2009	3	6	1 752	0.34
2010	3	9	2 107	0.43
2011	9	18	2 341	0.77
2012	1	19	2 470	0.77
2013	6	25	2 515	0.99
2014	13	38	2 633	1.44
2015	22	60	2 824	2.12
2016	40	100	3 119	3.21
2017	53	153	3 496	4.38
2018	98	251	3 590	6.99

(二)回归结果

1. 业财融合与信息环境

表4显示了业财融合对企业信息环境影响的主回归结果。Accrual_dd的系数为-0.021,p值小于0.01;Accrual_kothari的系数为-0.012,p值小于0.05;二者平均Accrual_avg的系数为-0.016,p值小于0.01。该结果表明,相比于未进行业财融合的上市公司,业财融合后上市公司的盈余管理水平越低,财务信息质量越高,信息环境越好;同时,企业内部的沟通与信任度都会加强,管理层也更了解企业的运作状况,企业的信息环境得到优化,支持本文的假设1。

表 4 业财融合与信息环境：基准回归

变量	(1) Accrual_dd	(2) Accrual_kothari	(3) Accrual_avg
BFII	−0.021***	−0.012**	−0.016***
	(−2.81)	(−2.10)	(−3.66)
Size	−0.012***	−0.010***	−0.013***
	(−7.77)	(−4.12)	(−7.51)
Lev	0.057***	0.032**	0.044***
	(7.70)	(2.57)	(5.49)
Avloss	−0.001	−0.013***	−0.007***
	(−0.25)	(−5.42)	(−3.12)
SOE	−0.011***	−0.009***	−0.011***
	(−5.01)	(−3.51)	(−5.73)
Shareholder_top1	0.000**	−0.000	0.000
	(2.24)	(−1.25)	(0.90)
Salary_ceo	−0.001***	−0.001***	−0.001***
	(−4.36)	(−4.03)	(−5.06)
ROS	0.001***	0.001	0.001***
	(2.75)	(1.61)	(4.27)
Out_ratio	0.012	−0.009	0.006
	(0.72)	(−0.49)	(0.42)
Cash_mta	0.026*	0.068***	0.054***
	(1.67)	(2.73)	(3.21)
Protect_ind	0.005	−0.001	0.003
	(1.52)	(−0.30)	(1.09)
常数项	0.323***	0.285***	0.339***
	(9.89)	(4.97)	(8.91)
固定效应	控制	控制	控制
观测值	13 779	10 811	10 602
F	13.383	8.950	14.077
Adj. R^2	0.040	0.014	0.034

注：***、**、*分别表示双尾检验在1%、5%和10%的统计水平上显著；已经按公司进行聚类。

2. 业财融合与风险承担

表5报告了业财融合与风险承担的回归结果,三个风险指标的系数均为负数。其中,系统性风险的系数为-0.001,p值不显著;非系统性风险的系数为-0.003,p值小于0.01;总风险的系数为-0.003,p值小于0.01。由此可知,采用业财融合企业的风险承担水平显著降低。进一步分析可知,采取业财融合主要降低的是非系统性风险与总风险,而系统性风险取决于整体市场波动,与企业自身关联性不大,因此系统性风险受业财融合政策的影响不大。

表5 业财融合与风险承担的回归

变量	(1) Day_ttlrisk	(2) Day_sysrisk	(3) Day_unsysrisk
BFII	-0.003***	-0.001	-0.003***
	(-2.64)	(-1.43)	(-3.05)
Size	-0.003***	-0.001***	-0.003***
	(-4.80)	(-13.92)	(-4.32)
Lev	0.010***	0.000	0.012***
	(4.14)	(0.10)	(4.92)
Avloss	-0.000	0.000***	-0.001
	(-1.01)	(3.05)	(-1.53)
SOE	-0.001	-0.000**	-0.001
	(-0.99)	(-2.46)	(-1.24)
Shareholder_top1	0.000	-0.000***	0.000
	(0.44)	(-4.02)	(0.80)
Salary_ceo	-0.000	0.000***	-0.000
	(-0.94)	(3.08)	(-1.16)
ROS	0.000***	-0.000	0.000***
	(9.00)	(-0.39)	(16.87)
Out_ratio	-0.004	-0.000	-0.002
	(-0.79)	(-0.45)	(-0.56)
Cash_mta	0.019***	0.005***	0.017***
	(3.68)	(7.49)	(3.22)

(续表)

变量	(1) Day_ttlrisk	(2) Day_sysrisk	(3) Day_unsysrisk
Protect_ind	0.002	−0.000	0.002
	(0.84)	(−1.01)	(0.95)
常数项	0.089***	0.041***	0.075***
	(8.10)	(26.31)	(6.81)
固定效应	控 制	控 制	控 制
观测值	17 250	17 250	17 250
F	40.298	40.026	90.459
Adj. R^2	0.058	0.819	0.022

注：***、**、*分别表示双尾检验在1%、5%和10%的统计水平上显著；已经按公司进行聚类。

3. 业财融合与非效率投资

表6报告了业财融合与非效率投资的回归结果。非效率投资Ine_inv的系数为−0.007，p值小于0.05，这表明上市公司进行业财融合能够显著降低非效率投资水平。而自由现金流Fcf的系数为0.027，p值小于0.1，这表明进行业财融合可以在一定程度上增加公司的自由现金流。比如由于信息透明度的提升，管理层进行过度投资的难度加大，使得现金流动更畅通，从而增加自由现金流。该结果进一步验证了业财融合对非效率投资的抑制作用。

表6 业财融合与非效率投资的回归

变量	(1) Fcf	(2) Ine_inv	(3) Abs_ine_inv
BFII	0.027*	−0.007**	−0.000
	(1.65)	(−2.24)	(−0.03)
Size	0.006***	−0.004***	0.011***
	(3.93)	(−6.15)	(15.59)
Lev	−0.051***	0.011***	−0.019***
	(−7.20)	(4.28)	(−5.78)
Avloss	−0.018***	−0.003***	−0.006***
	(−6.81)	(−2.70)	(−4.00)

(续表)

变量	(1) Fcf	(2) Ine_inv	(3) Abs_ine_inv
SOE	0.010***	−0.002**	−0.010***
	(5.12)	(−2.52)	(−9.59)
Shareholder_top1	0.000***	0.000	0.000**
	(4.80)	(1.41)	(2.04)
Salary_ceo	0.000	−0.001***	0.000
	(0.16)	(−7.30)	(0.67)
ROS	0.001**	−0.000	−0.000
	(2.15)	(−1.57)	(−0.98)
Out_ratio	−0.017	0.002	−0.012
	(−1.08)	(0.24)	(−1.52)
Cash_mta	0.167***	−0.018***	0.018***
	(11.55)	(−3.47)	(2.74)
Protect_ind	0.002	0.007***	−0.003*
	(0.54)	(4.91)	(−1.69)
常数项	−0.134***	0.110***	−0.228***
	(−4.39)	(9.15)	(−15.27)
固定效应	控制	控制	控制
观测值	15 300	15 300	15 300
F	32.871	13.771	32.802
Adj. R^2	0.063	0.023	0.038

注:***、**、*分别表示双尾检验在1%、5%和10%的统计水平上显著;已经按公司进行聚类。

五、进一步分析

(一) 业财融合的程度

企业需要把握进行业财融合的程度。业财融合不是简单地采取ERP系统等方式进行的数据整合,这属于数据信息一体化的范围;而企业在业务和财务方面相互作用、相互依存,只有持续不断地扩充才能达到业财融合战略层面的动态平衡。基于主回归结果,本文采用手工查阅进行业财融合上市公司年报的方式,将业财融合做进一步的细分,主要包括公司在绩效考核、人力整合、ERP 系统、数据平台运用业财融合四个方面。其中,绩效考核运用业财融合以变量 BFII_biz 表示,若公司的业务经营、财务人员考评指标参考业财融合取值为 1,否则取值为 0;人力整合运用业财融合以变量 BFII_staff 表示,若公司业务和财务部门轮岗、对业务人员进行财务培训或对财务人员进行业务培训等取值为 1,否则取值为 0;ERP 系统运用业财融合以变量 BFII_erp 表示,若公司仅采用 ERP 系统实现业财融合取值为 1,否则取值为 0;数据平台运用业财融合以变量 BFII_data 表示,若公司搭建数据信息一体化平台以确保业财融合数据信息充分流转,实现部门之间数据的互联互通则取值为 1,否则取值为 0。据此,本文构建以下检验模型:

$$\text{Accrual\_avg}_{i,t} = \alpha_0 + \alpha_1 \text{BFII\_detail}_{i,t} + \alpha_2 \text{Controls}_{i,t} + \gamma_t + \mu_i + \varepsilon_{i,t} \quad (4)$$

其中,i 与 t 分别表示 i 企业与第 t 年。被解释变量 $\text{Accrual\_avg}_{i,t}$ 为 Dechow and Dichev(2002)模型度量的 $\text{Accrual\_dd}_{i,t}$ 与 Kothari et al.(2005)考虑业绩的截面修正 Jones 模型度量的 $\text{Accrual\_kothari}_{i,t}$ 以及二者均值的 $\text{Accrual\_avg}_{i,t}$;解释变量 $\text{BFII\_detail}_{i,t}$ 为业财融合细分情况,包括 $\text{BFII\_biz}_{i,t}$、$\text{BFII\_staff}_{i,t}$、$\text{BFII\_erp}_{i,t}$ 和 $\text{BFII\_data}_{i,t}$ 四个指标;控制变量和固定效应与主回归相同。表 7 为业财融合细分的回归结果。

表 7 业财融合细分的回归

变量	(1)	(2)	(3)	(4)	(5)
BFII_biz	−0.020***				−0.023***
	(−4.16)				(−3.25)
BFII_staff		−0.013**			0.020
		(−2.09)			(1.48)
BFII_erp			−0.003		−0.006
			(−0.29)		(−0.51)
BFII_data				−0.015***	−0.016*
				(−2.98)	(−1.76)
Size	−0.013***	−0.013***	−0.013***	−0.013***	−0.013***
	(−7.69)	(−7.68)	(−7.69)	(−7.68)	(−7.68)
Lev	0.044***	0.044***	0.044***	0.044***	0.044***
	(5.66)	(5.65)	(5.65)	(5.65)	(5.65)

（续表）

变量	(1)	(2)	(3)	(4)	(5)
Avloss	−0.008***	−0.007***	−0.007***	−0.007***	−0.008***
	(−3.30)	(−3.27)	(−3.29)	(−3.26)	(−3.30)
SOE	−0.012***	−0.012***	−0.012***	−0.012***	−0.012***
	(−6.11)	(−6.12)	(−6.11)	(−6.12)	(−6.11)
Shareholder_top1	0.000	0.000	0.000	0.000	0.000
	(0.92)	(0.92)	(0.91)	(0.92)	(0.93)
Salary_ceo	−0.001***	−0.001***	−0.001***	−0.001***	−0.001***
	(−4.86)	(−4.85)	(−4.85)	(−4.87)	(−4.87)
ROS	0.001***	0.001***	0.001***	0.001***	0.001***
	(4.27)	(4.27)	(4.27)	(4.27)	(4.27)
Out_ratio	0.004	0.005	0.005	0.005	0.005
	(0.31)	(0.31)	(0.34)	(0.31)	(0.31)
Cash_mta	0.053***	0.053***	0.052***	0.053***	0.053***
	(3.23)	(3.21)	(3.19)	(3.22)	(3.23)
Protect_ind	0.002	0.002	0.002	0.003	0.002
	(1.01)	(1.02)	(1.02)	(1.03)	(1.03)
常数项	0.338***	0.338***	0.338***	0.338***	0.338***
	(9.16)	(9.16)	(9.16)	(9.16)	(9.15)
固定效应	控制	控制	控制	控制	控制
观测值	11 129	11 129	11 129	11 129	11 129
F	14.296	13.749	13.636	14.002	12.176
Adj. R^2	0.035	0.035	0.035	0.035	0.035

注：***、**、*分别表示双尾检验在1%、5%和10%的统计水平上显著；已经按公司进行聚类。

由表7的回归结果可知，$BFII\_biz_{i,t}$、$BFII\_staff_{i,t}$、$BFII\_data_{i,t}$的回归系数分别为−0.020、−0.013、−0.015，p值分别小于0.01、0.05和0.01，这表明公司进行绩效考核、人力整合、部门数据互联互通等方式的业财融合均能显著降低盈余管理程度，提升公司的信息环境质量；而$BFII\_erp_{i,t}$的系数为−0.003但不显著，这表明仅采用ERP系统进行业财融合的公司不能显著提升信息环境质量，需要进一步在战略层面进行业财融合。

(二)业财融合与会计信息及时性

会计信息披露的及时性反映了企业向外界传递信息的效率。在业财融合战略的指导下,企业的收入确认越及时,管理层在业务与财务层面进行投机操纵的机会越少,企业内外部的信息透明度越高,传递信息也越及时,从而越有利于投资者做出相关决策(Frankel and Li,2004)。因此,业财融合战略的作用效果也将表现为企业会计信息及时性的提升,进而提升会计信息质量,优化信息环境。据此,本文构建以下检验模型:

$$\text{Lags}_{i,t} = \alpha_0 + \alpha_1 \text{BFII}_{i,t} + \alpha_2 \text{Controls}_{i,t} + \gamma_t + \mu_i + \varepsilon_{i,t} \quad (5)$$

其中,$\text{Lags}_{i,t}$表示以信息披露时滞衡量的会计信息及时性,数据来自CSMAR数据库,包括四个变量,其中 $\text{Initial\_lag}_{i,t}$ 表示上个会计年度结束日与年报首次预告日之间的时间间隔取自然对数,$\text{Auditorsign\_lag}_{i,t}$ 表示上个会计年度结束日与年报审计师签署审计报告日的时间间隔取自然对数,$\text{Total\_laga}_{i,t}$ 表示以日历天数衡量的上个会计年度结束日与年报实际披露日的时间间隔取自然对数,$\text{Total\_lagb}_{i,t}$ 表示以交易天数衡量的上个会计年度结束日与年报实际披露日的时间间隔取自然对数。因此,信息披露时滞越长,表明会计信息及时性越弱。控制变量和固定效应与主回归相同。表8为业财融合与会计信息及时性的回归结果。

表 8 业财融合与会计信息及时性回归

变量	(1) Initial_lag	(2) Auditorsign_lag	(3) Total_laga	(4) Total_lagb
BFII	−0.103**	−0.120**	−0.118**	−0.123**
	(−2.11)	(−2.36)	(−2.42)	(−2.42)
Size	0.014***	0.014***	0.012***	0.012***
	(3.17)	(3.07)	(2.79)	(2.74)
Lev	0.025	0.031	0.036*	0.041*
	(1.14)	(1.39)	(1.70)	(1.86)
Avloss	0.035***	0.032***	0.032***	0.035***
	(3.23)	(2.91)	(2.97)	(3.20)
SOE	−0.008	−0.006	−0.007	−0.005
	(−1.20)	(−0.99)	(−1.05)	(−0.83)

(续表)

变量	(1) Initial_lag	(2) Auditorsign_lag	(3) Total_laga	(4) Total_lagb
Shareholder_top1	−0.000*	−0.000**	−0.000**	−0.000**
	(−1.70)	(−2.16)	(−2.33)	(−2.36)
Salary_ceo	−0.001	−0.002***	−0.002***	−0.002***
	(−1.33)	(−2.83)	(−2.82)	(−3.05)
ROS	−0.001*	−0.001	−0.001*	−0.001
	(−1.65)	(−1.26)	(−1.84)	(−1.63)
Out_ratio	0.029	0.042	0.024	0.025
	(0.60)	(0.84)	(0.49)	(0.49)
Cash_mta	−0.030	−0.066	−0.066*	−0.069*
	(−0.76)	(−1.62)	(−1.68)	(−1.69)
Protect_ind	−0.005	−0.002	−0.002	−0.001
	(−0.42)	(−0.14)	(−0.15)	(−0.06)
常数项	4.221***	4.221***	4.287***	3.839***
	(45.34)	(44.90)	(47.63)	(41.36)
固定效应	控制	控制	控制	控制
观测值	17 312	17 259	17 312	17 312
F	3.721	4.552	4.844	5.144
Adj. R^2	0.025	0.032	0.032	0.043

注：***、**、* 分别表示双尾检验在1%、5%和10%的统计水平上显著；已经按公司进行聚类。

由表8的回归结果可知，被解释变量 $Initial\_lag_{i,t}$、$Auditorsign\_lag_{i,t}$、$Total\_laga_{i,t}$ 和 $Total\_lagb_{i,t}$ 对 BFII 的系数分别为 −0.013、−0.120、−0.118 和 −0.123，对应的 p 值均小于0.05。因此，相比于未进行业财融合的上市公司，进行了业财融合的上市公司能够显著缩短会计信息披露的时滞，提高会计信息的及时性，优化会计信息质量。

六、稳健性检验

（一）业财融合与真实盈余管理

管理层操控公司利润从而影响公司信息环境主要采用两种方式，一是通过会计政策的弹性进行选择,从而达到管理层想要的指标结果;二是通过影响公司实际的日常经营的方式(陈沉等,2016),前者采用应计盈余管理来衡量,后者采用真实盈余管理来衡量。主回归采用的是应计盈余管理水平来衡量信息环境,下文进一步采用业财融合对真实盈余管理进行回归来度量。

本文参照 Roychowdhury(2006)及陈沉等(2016)的方法,企业管理层通过真实活动来提高利润的方式主要包括以下三种:一是操控销售活动,采用促销等方式提高销量以增加利润;二是操控成本,采用扩大生产等方式降低单位固定成本;三是操控费用,通过减少相关费用来增加利润。对于上述三种方式,本文分别设置变量 EM_cfo、EM_prod、EM_disexp 来衡量。具体而言,EM_cfo 为将公司经营活动净现金流对当期销售收入(这里用营业收入)、销售收入变动额回归得到的残差项,EM_prod 为将成本(包含销售成本及存货当期变动额)对当期销售收入、上期销售收入、上期销售收入变动额回归得到的残差项,EM_disexp 为将酌量性费用(这里采用销售费用和管理费用来度量)对销售收入变动额回归得到的残差项。本文另外构造变量 EM_proxy,将以上三者按符号调整后加总以衡量总体真实盈余管理水平。

$$\text{EM\_proxy}_{i,t} = \text{EM\_prod}_{i,t} - \text{EM\_cfo}_{i,t} - \text{EM\_disexp}_{i,t} \quad (6.1)$$

据此,本文构建固定效应回归模型,考察业财融合对以真实盈余管理衡量的企业信息环境的影响:

$$\text{EM}_{i,t} = \alpha_0 + \alpha_1 \text{BFII}_{i,t} + \alpha_2 \text{Controls}_{i,t} + \gamma_t + \mu_i + \varepsilon_{i,t} \quad (6.2)$$

其中,EM 分别代表上述四个真实盈余管理指标,其余设置与主回归相同。表 9 报告了业财融合与真实盈余管理的回归结果。

表 9 业财融合与真实盈余管理的回归

变量	(1) EM_prod	(2) EM_cfo	(3) EM_disexp	(4) EM_proxy
BFII	−0.017***	0.031	0.031	−0.060
	(−2.92)	(1.27)	(0.86)	(−1.05)
Size	−0.001	0.009***	0.010***	−0.018***
	(−0.61)	(5.12)	(5.01)	(−6.68)
Lev	0.009*	−0.028***	−0.016*	0.044***
	(1.73)	(−3.16)	(−1.72)	(3.24)
Avloss	0.004*	−0.016***	−0.023***	0.040***
	(1.88)	(−4.87)	(−8.30)	(8.61)

(续表)

变量	(1) EM_prod	(2) EM_cfo	(3) EM_disexp	(4) EM_proxy
SOE	0.001	−0.013***	0.001	0.012***
	(0.73)	(−5.48)	(0.42)	(2.94)
Shareholder_top1	0.000	0.000**	−0.000	−0.000
	(0.94)	(1.98)	(−0.14)	(−1.29)
Salary_ceo	−0.000	0.001**	0.001**	−0.002***
	(−0.63)	(2.37)	(2.21)	(−3.22)
ROS	0.000	0.005***	−0.001**	−0.005***
	(1.16)	(19.97)	(−2.01)	(−13.88)
Out_ratio	−0.006	−0.001	−0.002	0.004
	(−0.55)	(−0.04)	(−0.09)	(0.13)
Cash_mta	−0.021**	0.135***	0.112***	−0.240***
	(−1.98)	(7.94)	(5.55)	(−8.36)
Protect_ind	−0.003	0.003	−0.023***	0.020***
	(−1.31)	(0.72)	(−5.53)	(3.31)
常数项	0.015	−0.201***	−0.225***	0.420***
	(0.61)	(−5.72)	(−5.39)	(7.34)
固定效应	控制	控制	控制	控制
观测值	9 669	9 669	9 669	9 669
F	2.735	84.601	15.242	67.821
Adj. R^2	0.006	0.041	0.037	0.058

注：***、**、*分别表示双尾检验在1%、5%和10%的统计水平上显著；已经按公司进行聚类。

根据表9的回归结果，操控成本的盈余管理EM_prod对BFII的系数为−0.017，p值小于0.01，表明相比于未进行业财融合的公司，进行业财融合的公司管理层进行成本类的真实盈余管理操控程度越低，实际盈余质量越高，企业信息环境越好。相比之下，企业进行业财融合对销售活动和酌量性费用调整的真实盈余管理的影响不大，这与企业日常的经营活动也是一致的。Dorantes et al.(2013)指出，企业信息环境越好，提供给管理层的信息越多、越准确。因此，业财融合后上市公司管理层更能提前进行更准确的生产规模判断，从而减小在当期操纵和调整盈余的可能性，减少真实盈余管理操纵行为。相比之下，采用业财融合对上市公司应计盈余管理的作用更显著，这与实际情况相符。因为应计盈余管理不涉及调整真实的经营活动,只是在弹性规则下进行账面处理,难度更小,而业财融合后改变账面盈余的效果也更显著。

(二)潜在的自选择问题:Heckman 两步法检验

在主回归模型中,本文假定企业选择是否进行业财融合是外生性的,即上市公司决定是否进行业财融合与其他特征变量不存在关联,但也有可能是信息环境好、盈余管理程度低的公司选择进行业财融合。为了解决样本中潜在的自选择问题,本文采用 Heckman(1979)的两阶段模型进行检验。

第一阶段,由于业财融合的情况依赖于网络的发达程度,同时也会影响公司内外部信息的传递效率,因此本文增加工具变量 Internet_user$_{i,t}$、Internet_usage$_{i,t}$,分别表示各省份第 t 年的网民数与互联网普及率,数据来源为 CNNIC(中国互联网络信息中心)发布的《中国互联网络发展状况统计报告》。本文采用控制变量及新增变量 Internet_user$_{i,t}$ 和 Internet_usage$_{i,t}$ 对解释变量 BFII$_{i,t}$ 进行 Probit 回归,并根据回归结果计算逆米尔斯比率(IMR),第一阶段的 Heckman 回归模型为:

$$\text{BFII}_{i,t} = \alpha_0 + \alpha_1 \text{Internet}_{i,t} + \alpha_2 \text{Controls}_{i,t} + \varepsilon_{i,t} \quad (7.1)$$

其中,Internet$_{i,t}$ 分别代表 Internet_user$_{i,t}$ 和 Internet_usage$_{i,t}$ 两个新增变量。

第二阶段,本文将第一阶段回归得到的逆米尔斯比率加入主回归模型,控制行业、年度固定效应,第二阶段的 Heckman 回归模型为:

$$\text{Accrual}_{i,t} = \alpha_0 + \alpha_1 \text{BFII}_{i,t} + \alpha_2 \text{Controls}_{i,t} + \alpha_3 \text{IMR} + \gamma_t + \mu_i + \varepsilon_{i,t} \quad (7.2)$$

表 10 为 Heckman 两步法的实证检验结果,其中第(1)、(3)、(5)列为第一阶段回归,第(2)、(4)、(6)列为第二阶段回归。

表 10 潜在的自选择问题

变量	(1) BFII	(2) Accrual_dd	(3) BFII	(4) Accrual_kothari	(5) BFII	(6) Accrual_avg
Panel A:网民数						
Internet_user	0.004**		0.004**		0.004**	
	(2.46)		(2.46)		(2.46)	
BFII		−0.020**		−0.013**		−0.016***
		(−2.46)		(−2.13)		(−3.33)
Size	0.245***	0.002	0.245***	−0.007*	0.245***	−0.003
	(4.48)	(0.59)	(4.48)	(−1.68)	(4.48)	(−1.07)

（续表）

变量	(1) BFII	(2) Accrual_dd	(3) BFII	(4) Accrual_kothari	(5) BFII	(6) Accrual_avg
Lev	−0.250	0.042***	−0.250	0.028**	−0.250	0.034***
	(−0.93)	(5.28)	(−0.93)	(2.20)	(−0.93)	(4.07)
Avloss	−0.238	−0.014***	−0.238	−0.017***	−0.238	−0.017***
	(−0.99)	(−3.44)	(−0.99)	(−4.16)	(−0.99)	(−4.52)
SOE	0.086	−0.007***	0.086	−0.008***	0.086	−0.009***
	(1.06)	(−3.27)	(1.06)	(−3.05)	(1.06)	(−4.24)
Shareholder_top1	−0.000	0.000*	−0.000	−0.000	−0.000	0.000
	(−0.17)	(1.87)	(−0.17)	(−1.36)	(−0.17)	(0.62)
Salary_ceo	−0.022***	−0.002***	−0.022***	−0.001***	−0.022***	−0.002***
	(−3.08)	(−5.69)	(−3.08)	(−3.48)	(−3.08)	(−5.35)
ROS	−0.002	0.001**	−0.002	0.001	−0.002	0.001***
	(−0.01)	(2.24)	(−0.01)	(1.48)	(−0.01)	(3.50)
Out_ratio	−1.188	−0.057**	−1.188	−0.028	−1.188	−0.040*
	(−1.63)	(−2.54)	(−1.63)	(−1.05)	(−1.63)	(−1.86)
Cash_mta	2.173***	0.148***	2.173***	0.101**	2.173***	0.136***
	(4.81)	(4.64)	(4.81)	(2.47)	(4.81)	(4.21)
Protect_ind	0.057	0.008**	0.057	−0.000	0.057	0.004*
	(0.46)	(2.26)	(0.46)	(−0.03)	(0.46)	(1.75)
IMR1		0.061***				
		(4.40)				
IMR2				0.017		
				(1.14)		
IMR3						0.041***
						(3.20)
常数项	−7.589***	−0.131	−7.589***	0.162	−7.589***	0.035
	(−6.34)	(−1.22)	(−6.34)	(1.39)	(−6.34)	(0.36)
固定效应	控制	控制	控制	控制	控制	控制
观测值	18 860	13 779	18 860	10 811	18 860	10 602
F	13.265		8.218		13.201	
Adj. R^2	0.045		0.014		0.036	

（续表）

变量	(1) BFII	(2) Accrual_dd	(3) BFII	(4) Accrual_kothari	(5) BFII	(6) Accrual_avg
Panel B：互联网普及率						
Internet_usage	0.942***		0.942***		0.942***	
	(3.59)		(3.59)		(3.59)	
BFII		−0.021***		−0.012*		−0.016***
		(−2.75)		(−1.80)		(−3.27)
Size	0.215***	−0.007***	0.215***	−0.006***	0.215***	−0.009***
	(3.88)	(−3.05)	(3.88)	(−2.64)	(3.88)	(−4.34)
Lev	−0.141	0.053***	−0.141	0.028***	−0.141	0.041***
	(−0.52)	(7.15)	(−0.52)	(2.60)	(−0.52)	(5.52)
Avloss	−0.242	−0.006	−0.242	−0.018***	−0.242	−0.012***
	(−0.98)	(−1.59)	(−0.98)	(−3.72)	(−0.98)	(−3.26)
SOE	0.075	−0.009***	0.075	−0.008***	0.075	−0.010***
	(0.93)	(−4.37)	(0.93)	(−3.58)	(0.93)	(−5.52)
Shareholder_top1	−0.001	0.000**	−0.001	−0.000	−0.001	0.000
	(−0.41)	(2.15)	(−0.41)	(−1.28)	(−0.41)	(0.87)
Salary_ceo	−0.020***	−0.001***	−0.020***	−0.001***	−0.020***	−0.001***
	(−2.80)	(−4.63)	(−2.80)	(−3.82)	(−2.80)	(−4.88)
ROS	−0.002	0.001***	−0.002	0.001	−0.002	0.001***
	(−0.01)	(2.59)	(−0.01)	(1.53)	(−0.01)	(4.13)
Out_ratio	−1.363*	−0.015	−1.363*	−0.035	−1.363*	−0.018
	(−1.85)	(−0.75)	(−1.85)	(−1.06)	(−1.85)	(−0.78)
Cash_mta	2.176***	0.071***	2.176***	0.110***	2.176***	0.093***
	(4.80)	(2.79)	(4.80)	(3.46)	(4.80)	(3.81)
Protect_ind	0.093	0.006*	0.093	0.000	0.093	0.004
	(0.74)	(1.83)	(0.74)	(0.04)	(0.74)	(1.42)
IMR1		0.021**				
		(2.32)				
IMR2				0.020		
				(1.42)		
IMR3						0.019*
						(1.87)

（续表）

变量	(1) BFII	(2) Accrual_dd	(3) BFII	(4) Accrual_kothari	(5) BFII	(6) Accrual_avg
常数项	−7.305***	0.172**	−7.305***	0.142*	−7.305***	0.207***
	(−6.08)	(2.41)	(−6.08)	(1.93)	(−6.08)	(3.32)
固定效应	控制	控制	控制	控制	控制	控制
观测值	18 860	13 779	18 860	10 811	18 860	10 602
F		12.510		8.420		13.240
Adj. R^2		0.041		0.015		0.035

注：***、**、*分别表示双尾检验在1%、5%和10%的统计水平上显著；已经按公司进行聚类。

从表10 Panel A的回归结果来看，当以各省份网民数为工具变量时，第一阶段中网民数、企业规模、CEO薪酬、现金占比均对企业是否选择业财融合有显著影响。本文据此计算出逆米尔斯比率IMR并加入回归模型；第二阶段回归结果显示，Accrual_dd和Accrual_avg回归中逆米尔斯比率均显著，表明可能存在潜在的自选择问题。在纠正自选择问题后，第二阶段回归结果依然与主回归结果类似。其中，Accrual_dd系数为−0.020，p值小于0.05；Accrual_kothari的系数为−0.013，p值小于0.05；Accrual_avg的系数为−0.016，p值小于0.01。

Panel B的工具变量为各省份的互联网普及率，第一阶段中互联网普及率、企业规模、CEO薪酬、独立董事占比、现金占比均对企业是否选择业财融合有显著影响。本文据此计算出逆米尔斯比率并加入回归模型；第二阶段回归结果显示，Accrual_dd、Accrual_avg回归中逆米尔斯比率IMR均显著，表明可能存在潜在的自选择问题。在纠正自选择问题后，第二阶段回归结果依然与主回归结果类似。其中，Accrual_dd的系数为−0.021，p值小于0.01；Accrual_kothari的系数为−0.012，p值小于0.1；Accrual_avg的系数为−0.016，p值小于0.01。由此可见，以网民数和互联网普及率为工具变量的回归结果均增强了企业进行业财融合对信息环境优化的解释力度。

（三）风险承担的另一种度量：月度收益率变动

在主回归检验中，本文采用上市公司在整个会计年度的日股价变动收益的年化方差度量风险承担。在稳健性检验中，本文将其替换为上市公司在整个会计年度的月股价变动收益的年化方差，同样拆解为系统性风险与非系统性风险,分别以 Month_ttlrisk、Month_sysrisk、Month_unsysrisk 表示,并重复主回归检验,表 11 报告了回归结果。

表 11 风险承担的另一种度量:月度收益变动

变量	(1) Month_ttlrisk	(2) Month_sysrisk	(3) Month_unsysrisk
BFII	−0.016***	−0.007	−0.015***
	(−2.76)	(−1.48)	(−4.07)
Size	−0.015***	−0.010***	−0.010***
	(−11.67)	(−18.08)	(−7.94)
Lev	0.052***	0.012***	0.055***
	(6.60)	(4.48)	(7.20)
Avloss	0.005	0.004***	0.003
	(1.57)	(3.19)	(0.86)
SOE	−0.008***	−0.006***	−0.009***
	(−4.06)	(−6.43)	(−4.06)
Shareholder_top1	0.000	−0.000	0.000
	(0.53)	(−0.90)	(1.39)
Salary_ceo	−0.001	0.000	−0.001*
	(−1.34)	(0.07)	(−1.77)
ROS	0.003***	0.000	0.003***
	(25.75)	(0.59)	(16.10)
Out_ratio	−0.005	0.007	−0.003
	(−0.35)	(1.18)	(−0.26)
Cash_mta	0.069***	0.028***	0.073***
	(3.58)	(5.49)	(3.93)
Protect_ind	−0.001	−0.002*	0.001
	(−0.49)	(−1.71)	(0.50)
常数项	0.452***	0.293***	0.296***
	(17.24)	(26.43)	(11.91)
固定效应	控制	控制	控制
观测值	17 240	17 240	17 240
F	102.421	57.036	48.500
Adj. R^2	0.134	0.644	0.058

注:***、**、*分别表示双尾检验在 1%、5%和 10%的统计水平上显著;已经按公司进行聚类。

根据表 11 的回归结果,由股价月度收益变动的年化方差度量的总风险的系数为 -0.016,p 值小于 0.01;系统性风险的系数为 -0.007,但不显著;非系统性风险的系数为 -0.015,p 值小于 0.01。因此,公司进行业财融合可以显著降低总风险与非系统性风险,而对市场波动带来的系统性风险的影响不大。这一结果与主回归结果一致。

七、结 论

本文考察了 2009—2018 年上市公司业财融合对企业信息环境的影响。本文从企业"管理层讨论与分析"中提取企业是否进行业财融合的数据,发现业财融合企业的信息环境得到显著优化。本文进一步探讨业财融合作用于内部信息环境的两种机制,结果表明采取业财融合的企业能够显著降低风险承担水平并抑制非效率投资,验证业财融合优化企业信息环境的机制。在进一步分析中,本文将业财融合细分为绩效考核业财融合、人力整合业财融合、仅采用 ERP 系统业财融合、部门数据互联互通业财融合四类,并分别对主回归模型中的盈余管理进行检验,结果表明仅采用 ERP 系统的业财融合不能显著优化企业的信息环境;同时,业财融合能显著提升企业披露会计信息的及时性。在稳健性检验中,本文新增真实盈余管理替代应计盈余管理作为被解释变量,发现业财融合能显著降低操控成本的真实盈余管理,但不能显著影响操控销售活动与操控费用的真实盈余管理;新增月度收益变动的年化方差衡量的风险替代日度收益变动的年化方差衡量的风险,回归结果依然与主回归结果保持一致。此外,本文采用 Heckman 两步法修正自选择问题,分别用网民数与互联网普及率作为工具变量进行修正后的两阶段回归,结果依然稳健。

本文丰富了业财融合的经济后果与信息环境影响因素的文献,深化了对公司治理机制的认识。本文研究发现,业财融合可以显著优化企业信息环境,降低管理层与投资者的信息不对称(Dorantes et al.,2013),增强企业在资本市场上的竞争力。基于以上研究结果,本文主要提出如下几点建议:(1)企业应当意识到信息融合的重要性,因此业财融合不应局限于实证结果,而要应用到实际生活中;(2)投资者不应当只关注企业在年报"管理层讨论与分析"中提到的业财融合信息,还应当关注新闻媒体对上市公司业财融合的态度;(3)政策制定者可以将激励企业信息环境优化的政策与鼓励业财融合的措施结合在一起,以提高政策制定的效率;(4)分析师也应当意识到上市公司业财融合相关消息的重要性,从而提高对公司信息环境及公司治理的评估质量。

参 考 文 献

陈沉,李哲,王磊,2016.管理层控制权、企业生命周期与真实盈余管理[J].管理科学(4):29-44.

陈宋生,赖娇,2013.ERP 系统、股权结构与盈余质量关系[J].会计研究(5):59-66.

方红星,金玉娜,2013.公司治理、内部控制与非效率投资:理论分析与经验证据[J].会计研究(7):63-69.

何保国,2019.全面预算视角下的中小企业"业财融合"应用研究[J].中国注册会计师(7):32.

胡玉明,2017.中国管理会计理论研究:回归本质与常识[J].财务研究(3):14-23.

江轩宇,许年行,2015.企业过度投资与股价崩盘风险[J].金融研究(8):141-158.

李晓月,肖翔,代庆会,2020.盈余管理、盈余管理属性与关键审计事项沟通:基于不同方向盈余管理的综合分析[J].管理学刊(2):76-87.

梁上坤,2017.媒体关注、信息环境与企业费用黏性[J].中国工业经济(2):154-173.

林煜恩,初昌玮,池祥萱,2018.管理者权力、内部控制信息披露质量对研发支出的影响[J].管理学刊(4):47-62.

刘岳华,魏蓉,杨仁良,2013.企业财务业务一体化与财务管理职能转型:基于江苏省电力公司的调研分析[J].会计研究(10):51-58.

罗蓉曦,陈超,2018.高管团队协作与信息披露质量[J].中国会计评论(4):575-606.

罗炜,饶品贵,2010.盈余质量、制度环境与投行变更[J].管理世界(3):140-149.

王立彦,张继东,2007.ERP 系统实施与公司业绩增长之关系:基于中国上市公司数据的实证分析[J].管理世界(3):116-121.

武恒光,张雪漫,孙华,2020.内部控制缺陷披露、金融中介监督与债券融资成本[J].中国会计评论(1):17-70.

闫珍丽,杨有红,2018.内部控制质量、信息环境与股价同步性[J].中国会计评论(2):205-238.

袁蓉丽,张馨艺,胡天雨,等,2017.上市公司 ERP 系统实施和盈余质量[J].审计研究(2):98-103.

张子余,杨慧,李常安,2016.我国企业 IT 投资对财务报告内控实施成本与盈余信息质量的影响研究[J].审计研究(5):98-103.

ALLEN F, QIAN J, QIAN M, 2005. Law, finance, and economic growth in China[J]. Journal of financial economics, 77(1): 57-116.

BAI L, KOVEOS P, LIU M, 2018. Applying an ontology-augmenting XBRL model to accounting information system for business integration[J]. Asia-Pacific journal of accounting and economics, 25(1-2): 75-97.

BALL R, KOTHARI S P, ROBIN A, 2000. The effect of international institutional factors on properties of accounting earnings[J]. Journal of accounting and economics, 29(1): 1-51.

BALL R, SHIVAKUMAR L, 2005. Earnings quality in UK private firms: comparative loss recognition timeliness[J]. Journal of accounting and economics, 39(1): 83-128.

BARGERON L L, LEHN K M, ZUTTER C J, 2010. Sarbanes-Oxley and corporate risk-taking[J]. Journal of accounting and economics, 49(1/2): 34-52.

BIZJAK J, LEMMON M, WHITBY R, 2009. Option backdating and board interlocks[J]. The review of financial studies, 22(1): 4821-4847.

BOW, SHUMILINA K, KHAN I U, et al., 2019. Integral goal and cross-cultural team synergy as determinants of international business[C]. OAJRC social science.

BRYAN S H, 1997. Incremental information content of required disclosures contained in management discussion and analysis[J]. The accounting review, 4: 285-301.

BURYAKOV G A, ANDREEVA A V, OROBINSKIY A S, et al., 2019. Corporate education system as a factor of ensuring modern companies' financial stability[J]. International journal of economics and business administration, 7(2): 156-166.

CERTO S T, LESTER R H, DALTON C M, et al., 2006. Top management teams, strategy and financial performance: a meta-analytic examination[J]. Journal of management studies, 43(4): 813-839.

CHEN F, HOPE K, LI Q, 2011. Financial reporting quality and investment efficiency of private firms in emerging markets[J]. The accounting review, 86(4): 1255-1288.

CHENG M, DHALIWAL D, ZHANG Y, 2013. Does investment efficiency improve after the disclosure of material weaknesses in internal control over financial reporting[J]. Journal of accounting and economics, 56(1): 1-18.

COHEN D A, DEY A, LYS T Z, 2008. Real and accrual-based earnings management in the pre-and post-Sarbanes-Oxley periods[J]. The accounting review, 83(3): 757-787.

CULLEN N, PATEL S, 2007. Finance business partnering[J]. Financial management, 38-40.

DAL MAGRO C B, TURRA S, KLANN R C, et al., 2017. Timeliness of accounting information in family controlled and managed companies in Brazil[J]. Latin American business review, 18(2): 139-164.

DECHOW P, GE W, SCHRAND C, 2010. Understanding earnings quality: a review of the proxies, their determinants and their consequences[J]. Journal of accounting and economics, 50(2-3): 344-401.

DECHOW P M, DICHEV I D, 2002. The quality of accruals and earnings: the role of accrual estimation errors[J]. The accounting review, 77(1): 35-59.

DIMSON E, 1979. Risk measurement when shares are subject to infrequent trading[J]. Journal of financial economics, 7(2): 197-226.

DORANTES C A, LI C, PETERS G F, et al., 2013. The effect of enterprise systems implementation on the firm information environment[J]. Contemporary accounting research, 30(4): 1427-1461.

DOS SANTOS J P F, PIRES A M M, FERNÁNDEZ P O, 2018. The importance to financial information in the decision-making process in company's family structure[J]. Contaduríay administración, 63(2): 12.

FRANKEL R, LI X, 2004. Characteristics of a firm's information environment and the information asymmetry between insiders and outsiders[J]. Journal of accounting and economics, 37(2): 229-259.

GALLEMORE J, LABRO E, 2015. The importance of the internal information environment for tax avoidance[J]. Journal of accounting and economics, 60(1): 149-167.

GIACHETTI R E, 2004. A framework to review the information integration of the enterprise[J]. International journal of production research, 42(6): 1147-1166.

GIL-GARCIA J R, CHUN S A, JANSSEN M, 2009. Government information sharing and integration: combining the social and the technical[J]. Information polity, 14(2): 1-10.

GIROUD X, MUELLER H M, 2010. Does corporate governance matter in competitive industries[J]. Journal of financial economics, 95(3): 312-331.

GUO M, 2019. Research on financial business integration and financial management function transformation based on thermal power plants[C]. In IOP conference series: earth and environmental science, Vol. 252, No. 3. IOP Publishing.

GU Q, JITPAIPOON T, YANG J, 2017. The impact of information integration on financial performance: a knowledge-based view[J]. International journal of production economics, 191: 221-232.

HAß L H, VERGAUWE S, ZHANG Q, 2014. Corporate governance and the information environment: evidence from Chinese stock markets[J]. International review of financial analysis, 36: 106-119.

HECKMAN J J, 1979. Sample selection bias as a specification error[J]. Econometrica, 47(1): 153-161.

HUANG J, XU N, YUAN Q, 2010. Ownership structure, share transferability, and corporate risk taking: evidence from China[R], Working paper.

HU J, LI A Y, ZHANG F F, 2014. Does accounting conservatism improve the corporate information environment[J]. Journal of international accounting, auditing and taxation, 23(1): 32-43.

HURWITZ H, 2018. Investor sentiment and management earnings forecast bias[J]. Journal of business finance & accounting, 45(1/2): 166-183.

IMBS J, 2006. The real effects of financial integration[J]. Journal of international economics, 68(2): 296-324.

JACOBS F R, WHYBARK D C, 2000. Why ERP? a primer on SAP implementation[M]. McGraw-Hill Higher Education.

JAGODA K, SAMARANAYAKE P, 2017. An integrated framework for ERP system implementation[J]. International journal of accounting & information management, 25(1): 91-109.

KOTHARI S P, LEONE A J, WASLEY C E, 2005. Performance matched discretionary accrual measures[J]. Journal of accounting and economics, 39(1): 163-197.

KWAK B, RO T, SUK I, 2012. The composition of top management with general counsel andvoluntary information disclosure[J]. Journal of accounting and economics, 54(1): 19-41.

LANG M H, LINS K V, MILLER D P, 2003. ADRs, analysts, and accuracy: does cross listing in the United States improve a firm's information environment and increase market value[J]. Journal of accounting research, 41(2): 317-345.

MA C, WANG J, 2016. Enterprise information management system integration based on internet of things technology[J]. Management & engineering, 22: 12.

RICHARDSON S, 2006. Over-investment of free cash flow[J]. Review of accounting studies, 11(2/3): 159-189.

RICHARDSON V J, 2000. Information asymmetry and earnings management: some evidence[J]. Review of quantitative finance and accounting, 15: 325-347.

ROYCHOWDHURY S, 2006. Earnings management through real activities manipulation[J]. Journal of accounting and economics, 42(3): 335-370.

RUAN X, LIU S, 2016. Application of accounting in human resource management, in 6th international conference on electronic, mechanical, information and management society[M]. Atlantis Press.

SEAL W, CULLEN J, DUNLOP A, et al., 1999. Enacting a European supply chain: a case study on the role of management accounting[J]. Management accounting research, 10(3): 303-322.

SHEN C H, LUO F, HUANG D, 2015. Analysis of earnings management influence on the investment efficiency of listed Chinese companies[J]. Journal of empirical finance, 34: 60-78.

SODERSTROM N S, SUN K J, 2007. IFRS adoption and accounting quality: a review[J]. European accounting review, 16(4): 675-702.

SODRé M, 2019. The organization of the common[Z]//: The science of the commons, global transformations in media and communication research-a palgrave and IAMCR Series, Palgrave Macmillan, 145-241.

UPADHYAY A, ZENG H, 2014. Gender and ethnic diversity on boards and corporate information environment[J]. Journal of business research, 67(11): 2456-2463.

VENKATARAMAN R, WEBER J P, WILLENBORG M, 2008. Litigation risk, audit quality, and audit fees: evidence from initial public offerings[J]. The accounting review, 83(5): 1315-1345.

ZONI L, MERCHANT K A, 2007. Controller involvement in management: an empirical study in large Italian corporations[J]. Journal of accounting & organizational change, 3(1): 29-43.

董事高管责任险与管理层薪酬黏性

唐亚军　李成蹊　王靖宇　汪　丽[*]

摘　要　本文利用2010—2019年上市公司样本,考察上市公司购买董事高管责任险与管理层薪酬黏性之间的关系。研究发现,董事高管责任险可以显著抑制上市公司管理层薪酬黏性,尤其是当两权分离度较高时,董事高管责任险的治理作用更明显。进一步的研究显示,董事高管责任险对制度环境具有依赖性,当公司处于内部控制质量更高或政治监督更严厉的规范化制度环境时,董事高管责任险对管理层薪酬黏性的抑制作用更强。本文丰富了现有关于董事高管责任险的研究,从薪酬黏性角度为董事高管责任险具有良好的治理效应提供了新的证据。

关键词　董事高管责任险　薪酬黏性　外部治理

D&O Insurance and Management Stickiness

Yajun Tang　Chengxi Li　Jingyu Wang　Li Wang

Abstract　This paper mainly studies the external governance mechanism of the company, and uses the sample of listed companies in 2010-2019 to investigate whether the purchase of D&O insurance can significantly inhibit the compensation stickiness of management. The research finds that the D&O insurance can significantly inhibit the compensation stickiness of the management of listed companies, especially when the separation of the two powers is high, the governance effect of the D&O insurance is more obvious. Further research shows that the D&O insurance has a dependence on the institutional environment. When the company is in a standardized system environment with higher internal control qual-

---

[*] 唐亚军,中央财经大学会计学院、西藏大学财经学院;李成蹊,北京工商大学商学院;王靖宇,中央财经大学会计学院;汪丽,西藏大学财经学院。通信作者:李成蹊;地址:北京市海淀区阜成路33号;邮编:100048;E-mail:809761404@qq.com。本文为西藏大学校级培育基金项目(ZDCZJH19-08、ZDC-ZJH20-05)的阶段性研究成果。当然,文责自负。

ity or more strict political supervision, the D&O insurance has a stronger inhibition on the management compensation stickiness. The conclusion enriches the existing research on the D&O insurance and provides new evidence for the good governance effect of D&O insurance from the perspective of compensation stickiness.

Key words　Directors' and Offices'（D&O）Insurance；Compensation Stickiness；External Governance

一、引　　言

董事高管责任险(D&O,以下简称"董责险")是一种针对公司董事或高管的行为责任险。具体而言,当参保人在履行自身契约义务过程中因工作疏忽或行为不当而对利益相关者造成损害并面临追责时,保险公司将代为承担相应纠纷所需的诉讼费用及后续赔偿。这一险种起源于20世纪30年代的美国,并于60年代在欧美国家、部分东亚国家和地区得到广泛的使用。21世纪初,相关数据统计显示,95%以上的美国上市公司购买了董责险,中国香港地区也有70%以上的企业予以投保。2002年,我国实行《上市公司治理准则》,其中关于董责险准则规定在股东大会批准的情况下上市公司可以进行董责险的投保。

董责险被引入上市公司的初衷在于,可以通过契约设计使保险公司为管理层进行责任背书以降低上市公司的诉讼风险。在这个过程中,保险机构投资者作为合作方被纳入公司治理整体框架。但在现实情况下,关于董责险在约束管理层行为的过程中究竟扮演了何种角色,现有研究并未给出准确定论。一方面,有学者基于风险管理论,认为保险公司可以利用其信息优势加大对投保公司管理层的监管与审查,从而更好地约束管理层行为(Core,2000)。许荣和王杰(2012)认为,董责险的需求源于股东之间的利益冲突,而董责险既通过一种保险机制来鼓励管理层为股东谋求利益,又作为一种独立的监督机制而有效地降低代理成本。另一方面,也有学者基于道德风险论,认为董责险为高管的不良行为进行了托底担保,使管理层更有动机进行利益攫取(Chung et al.,2015)。同时,董责险会为公司治理带来新的道德风险,即降低了监事层和独立董事的监督责任,从而诱发了治理层的机会主义行为,使公司内部治理机制失效(Jia and Tang,2018)。

在公司治理的过程中,管理层自利是导致管理层行为偏差的重要原因,这种自利会通过管理层薪酬特质得到直观反映。具体而言,管理层会基于自身利益的考虑,对自身薪酬水平进行一定程度的操控,最典型的表现就是管理层薪酬具有黏性。所谓的薪酬黏性,是指管理层薪酬具有向上的弹性和向下的刚性,即业绩上升和业绩下降时薪酬的变动幅度具有非对称性。通常意义上说,薪酬黏性和薪酬业绩敏感性背后都指向企业内部的代理问题,但这两个概念有着截然不同的计量方法和经济含义。从计量意义上看,薪酬业绩敏感性是指高管薪酬随当期业绩增长或下降所变动的幅度,而薪酬黏性则代表向上的薪酬业绩敏感性与向下的薪酬业绩敏感性的差值。换言之,若薪酬随业绩上下变动而产生的变动幅度一致,则不存在薪酬黏性。由计量上的差异我们可以看到,薪酬黏性和薪酬业绩敏感性背后蕴含的经济含义也不尽相同。薪酬业绩敏感性强调了高管的风险补偿,当高管承担更大的风险为企业谋取更大收益时,其有权获得更丰厚的经济收益;反之,若高管工作懈怠则会导致个人收益下滑。薪酬黏性则不同,它强调了企业内部的分配公平,若高管在业绩上升时能及时受到奖励却在业绩下降时被免去惩罚,这本身就是一种不合理权力的体现,而在两权分离制下,管理层对自身的薪酬契约具有较强的议价能力。具体来看,由于内部的信息不对称,管理层可以利用自身权力,通过操纵应计项和关联交易等方式来操控自身薪酬水平(Hallock,1997)。而管理层薪酬黏性的存在产生了诸如管理层更激进的投资行为以创造更多资源供个人消费、管理层薪酬业绩倒挂或者与大股东合谋攫取公司利益等不利影响(Kannianen,2000;卢锐等,2008;张汉南等,2019)。更为重要的是,管理层薪酬黏性的存在扩大了管理层与普通员工之间的薪酬差距,加剧了普通员工对企业薪酬契约的不公平感(张永冀等,2019),从而不利于企业绩效和企业价值的提升。特别是在党的十八大提出"要逐步建立以权利公平、机会公平、规则公平为主要内容的社会公平保障体系"的背景下,进一步探讨公司治理模式中相关机制的设计具有重要的现实意义。因此,本文主要关注以下问题:董责险是否具有公司治理效应,能否抑制管理层薪酬黏性?如果董责险具有公司治理效应,那么这一效应在怎样的环境中会更加显著?这些问题的解决,不仅丰富了相关文献,而且为董责险在公司治理领域的作用的理论层面争论提供了稳健的经验证据。

与已有文献相比,本文可能的贡献包括:首先,选取了管理层薪酬黏性为研究视角,检验了董责险与管理层薪酬黏性的关系,从而为董责险的公司治理效应提供了新的经验证据,丰富了这一领域的研究文献。鉴于研究视角、研究对象等方面的差异,当前学术界关于董责险的公司治理效应尚存在争议,而本文基于中国"新兴+转型"的特殊发展阶段,以管理层薪酬黏性为研究视角,针对这一问题提供了最新的经验证据;其次,本文构建了囊括公司产权性质、两权分离度、内部控制环境在内的多角度环境分析框架,有助于深化对董责险与管理层薪酬黏性相关关系的认识,并进一步厘清了董责险发挥公司治理效应的"环境黑箱"。最后,本文的研究结论对于进一步发挥董责险的外部治理机制具有政策启示意义,有利于为优化公司治理机制提供参考和依据。

二、文献回顾与研究假设

上市公司购买董责险,其目的在于通过董责险转移由于高管行为失当而给公司带来的诉讼风险。为了规避公司诉讼产生的潜在理赔风险,董责险的引入又促使保险机构投资者成为公司的外部监管者。董责险可以被公司当作一种有效的外部治理手段,早期国外学者将其原因归纳为以下三方面:一是管理层风险厌恶情绪产生的个人投保需求,二是公司通过有效保险决策为公司整体经营谋取的保障需求,三是管理防御效应引起的对董事责任保险的需求(Core et al.,1997)。之后有学者比较不同规模上市公司购买董责险的情况发现,当公司规模较小时,由于董责险的投保费用较高,公司更倾向于借助控股股东力量或管理层持股方式进行有效监督;而随着公司规模不断扩张,股权结构也会逐渐松散,所有权监督成本逐渐上升,此时董责险作为一项制度安排被上市公司更广泛地采用(O'Sullivan,1997)。由此可见,董责险之所以能作为一种有效的外部监督手段,根本原因在于缓解了公司内部代理问题。

代理问题产生于两权分离制下的信息不对称,缓解代理问题的方式通常可以依靠激励与监督。最优薪酬契约理论认为,管理层薪酬契约本身存在激励效应,可以缓解股东与管理层之间的代理问题,股东通过薪酬契约设计可以缓解其与管理层之间的利益冲突,从而达到激励相容(Jensen and Meckling,1976)。但现实情况表明,薪酬契约本身就会增加公司代理成本,其中典型的例子就是管理层薪酬黏性。薪酬黏性现象的产生说明管理层薪酬契约设计并不是最优的。简单来说,管理层可以利用自身权力在业绩上升时及时对自己给予奖励,却在业绩下降时避免自身受到惩罚。国外有研究发现,管理层在公司业绩上升时获得薪酬奖励,而在业绩下降时却未必受到惩罚(Gaver and Gaver,1998)。随后,有学者基于样本数据分析,发现业绩上升时的薪酬边际增长量和业绩下降时的薪酬边际下降量具有非对称性,从而证明了管理层薪酬黏性的存在(Jackson et al.,2008)。国内有研究发现,我国上市公司中存在类似的问题(方军雄,2009)。这种薪酬黏性的存在意味着管理层有动机和能力利用自身权力来选择使自身利益最大化的薪酬方案。

关于薪酬黏性,有学者指出这是一种异化的薪酬契约,是公司管理层和股东信息不对称与管理层权力失控的集中体现,并会随着公司代理问题的加剧而不断扩大。Cheng(2005)发现,管理层权力可以显著影响其薪酬黏性,权力失控越严重,薪酬黏性就越明显。当管理层权力凌驾于公司治理水平之上时,薪酬契约的激励效应就会失效,管理层可以通过盈余管理等方式操控其薪酬水平(权小峰等,2010)。由此可见,管理层薪酬黏性的存在意味着投资者的资金即使被无效使用,企业实际决策者也无须为此承担任何责任。诚然,有学者提出薪酬黏性本身可能就是薪酬制度制定者刻意而为之下的结果,其原因在于薪酬制定者本身具有"奖优不惩劣"的决策倾向。企业在面对诸如创新等不确定性决策活动时,薪酬黏性体现了足够的"宽容失败",这样的薪酬制度设计极大地增强了组织的凝聚力和员工的上进心(徐悦等,2018)。

但是,这种关于薪酬黏性的解释尚有两点问题值得关注。其一,关于企业薪酬制度的实际制定权在谁手中尚存在疑问。当前很多企业普遍存在总经理由控股股东直接委派的情况,甚至较多企业存在董事长与总经理两职合一的情况,此时高管几乎完全掌握自身薪酬的决定权,薪酬黏性也就几乎成为必然的结果(王克敏和王志超,2007)。由此可见,一旦高管拥有对自身薪酬的掌控权,所谓的"宽容失败"不过成为一种"自我宽容",而失败的代价却依旧需要其他中小投资者为之偿付,在这样的制度安排下,薪酬黏性依然是代理问题的集中体现。其二,如果将薪酬黏性视为一种良好的"宽容失败"的企业管理工具,那么这种薪酬黏性现象应该广泛地在所有员工身上得到体现。但现有研究发现,企业中的高管薪酬黏性与员工薪酬黏性之间存在显著差异,高管薪酬黏性超出员工薪酬黏性的部分被视为一种分配规则的不公平,且这种不公平会进一步影响员工的工作效率(雷宇和郭剑花,2017)。本文认为,管理层薪酬黏性依然会客观地反映代理成本的存在,是管理层权力过度膨胀的一种客观表现,并且这种异化的权力将最终损害企业实际利益。

此外,导致管理层薪酬黏性增大的原因有很多。陈修德等(2014)发现管理层薪酬黏性在企业出现亏损时会凸显,而随着业绩上升逐渐缓解,同时这种问题在保护性行业尤其突出,且管理层薪酬黏性的持续性不会随时间推移而得到缓解。张路和张瀚文（2017）基于超募资金的视角，发现在超募资金补充流动性后，管理层寻租空间得以扩大，公司的代理问题随之增大，随后管理层薪酬黏性进一步加剧。总体来看，管理层薪酬黏性的存在关键在于监督机制的缺乏。由此，在管理层薪酬激励不足以解决代理问题的情况下，公司治理的重要性就得到充分的体现，公司需要完善监督机制来降低公司代理成本。有研究证明，在更完善的监管和制约机制下，管理层进行盈余操纵的概率更小；同时，在较完善的内部控制制度之下，公司信息不对称程度得以缓解，可以有效降低管理层薪酬黏性（罗玫和陈运森，2010；罗正英等，2016）。那么，董责险作为监督手段能否对管理层薪酬黏性起到良好的控制作用呢？

要回答这个问题，我们需要看到董责险作为一种外部治理机制有其独特的优势：首先，作为专业的风险管理机构，保险机构具有一定的信息优势。而保险公司对投保公司进行监督的动机在于，董责险将投保公司的治理情况和运营风险与保险公司的经营成本直接关联。所以，保险公司有能力和动机通过事前风险管控、事中跟踪分析和事后损失减免进行有效监督（Boyer and Stern，2012）。国内也有学者通过实证检验证明董责险外部监督效应的存在，发现上市公司实际购买董责险或者在公司章程中设置董责险相关条款都可以降低代理成本，并且实际购买的效果要强于设置条款（郑志刚等，2011；许荣和王杰，2012）。其次，董责险降低了高管的风险厌恶倾向。一般而言，出于自身名誉的考虑，管理者在履职过程中会考虑投资项目的潜在风险，而董责险使管理层免于诉讼风险，从而激励管理层更积极进取（O'Sullivan，1997）。当然，也有学者从相反的角度给出解释，认为这种保险担保实际上是为管理者"托底"，使管理者获得责任松绑，行为变得更有投机性。他们指出，在法律制度不完善的情况下，董责险会使公司战略变得更激进，从而增大公司的风险水平（Chung and Wynn，2008；赖黎等，2019；邢斐和周泰云，2020）。也有学者利用国内的上市公司数据，发现董责险显著增加了上市公司管理层的盈余管理行为（贾宁和梁楚楚，2013）；但与国外得出相似结论的文献不同之处在于，他们认为董责险的有效性依赖于制度环境。事实上，国外的研究基于现有制度是规范的前提，发现董责险助长了管理层的机会主义行为。其内在逻辑为：在完善的诉讼制度下，管理层具有较高的责任风险，董责险实际上通过责任的转移来降低管理层所面临的潜在诉讼风险，从而使管理层进入一个相对的缺乏制度约束的环境，使其更容易产生机会主义行为。目前我国上市公司管理层实际面临的诉讼风险并不高，上市公司中管理层并不具有借助董责险来扩大机会主义行为的动机。根据现有的国内研究文献,并没有直接的证据表明董责险会损害公司价值;相反,较为"激进"的战略会提升上市公司的风险承担意愿,为公司带来更多的创新并提升其投资效率(胡国柳和胡珺,2017;李从刚和许荣,2019)。最后,董责险为股东提供了充足的利益保障。Boyer(2006)认为董责险给股东带来的安全感来自保险公司雄厚的资金保障,在股东面对管理层行为失当而产生诉讼需求时,董责险可以为股东提供行之有效的诉讼。同时,当被诉讼者个人财产不足以赔付股东利益时,董责险的存在为股东提供了足额的经济保障。

本文还注意到,当前上市公司关于董责险的披露是基于自愿的原则,我国《上市公司治理准则》并未强制要求上市公司进行关于董责险投保情况的披露,但根据信号理论,上市公司当年如果存在董责险的投保并予以披露,董责险本身就会向市场传递公司治理向好的信号。信号理论指出,由于市场环境存在信息不对称,上市公司为了避免逆向选择造成的价值低估,有动机通过传递较好的信号来帮助公司稳定股价(Akerlof,1970)。同时,董责险作为一种信号,它的发布对上市公司来说有着多方面的作用。

第一,董责险向职业经理人市场传递了风险保障的信号。董责险可以为管理层规避一部分诉讼风险,由此上市公司购买董责险有助于吸引和挽留优秀的职业经理人;与此同时,这些职业经理人往往拥有更先进的管理经验和管理方法,可以进一步提高公司的治理水平(Gillan and Panasian,2015)。第二,董责险向债券市场传递了风险规避的信号。公司有动机通过董责险来降低自身的信用风险,进而提升自身的信用评级,便于公司更好地进行债务融资(Zou and Adams,2008;胡国柳和谭露,2018)。第三,董责险向资本市场传递了公司治理机制良好的信号,同时保险公司承担了为那些管理层伤害股东利益的行为而买单的风险。因此,保险公司的行为(包括保险条款协议的签订以及保险公司施行监督本身)就可以成为信息中介,从而获得其他证券分析师的关注。基于以上分析,本文提出如下假设:

假设 1 上市公司购买董责险将显著抑制管理层薪酬黏性。

需要进一步探讨的是,现有研究大多将薪酬黏性视为高管薪酬契约的特征之一,是第一类代理成本的集中体现。但与国外情况不同的是,我国企业的股权普遍相对集中,在双重委托代理框架下,大股东在多重利益诉求下有动机与高管合谋,通过部分利益让渡诱使高管放弃对掏空行为的抵制,从而对中小股东进行隧道挖掘,进一步诱发管理层薪酬黏性(Zhang et al.,2014;张汉南等,2019)。

值得研究的是,董责险在这样的情况下能否起到有效的治理作用?有学者指出,在这种双重委托代理框架下,董责险依旧可以显著降低两类代理成本(凌士显和白锐锋,2017)。从上市公司治理框架中我们可以发现,实际控制人两权分离度越高意味着其越有可能损害中小股东利益(Porta,1999)。此时上市公司可能面临更高的诉讼风险,因此保险机构更有动机对上市公司施行有效的外部监管。据此,本文提出如下假设:

假设2 上市公司两权分离度越高,董责险对管理层薪酬黏性的抑制效应越强。

三、研究设计

(一)样本与数据收集

本文选择我国 A 股上市公司 2010—2019 年数据为样本,检验董责险能否抑制管理层薪酬黏性。本文手工收集了上市公司披露的董责险相关数据,回归分析所需其他数据来自 CSMAR 数据库。同时,本文还对样本进行如下处理:(1)剔除金融、保险行业样本;(2)剔除当年为 ST、*ST 公司样本;(3)剔除数据缺失或不完整的公司样本;(4)为避免极端值使结果产生偏误,对所有连续变量进行上下 1% 的缩尾处理。最终,本文得到 16 559 个样本数据。

(二)研究模型与变量定义

为验证董责险与管理层薪酬黏性之间的关系,本文构建了如下模型:

$$NX = \beta_0 + \beta_1 Ins + \beta_2 Size + \beta_3 Lev + \beta_4 Growth + \beta_5 Control + \beta_6 Mhold + \beta_7 Dual + \beta_8 Board + \beta_9 Idpdt + \sum Year + \sum Ind + \varepsilon \quad (1)$$

$$NX = \beta_0 + \beta_1 Ins + \beta_2 CV + \beta_3 Ins \times CV + \beta_4 Size + \beta_5 Lev + \beta_6 Growth + \beta_7 Control + \beta_8 Mhold + \beta_9 Dual + \beta_{10} Board + \beta_{11} Idpdt + \sum Year + \sum Ind + \varepsilon \quad (2)$$

模型(1)中,NX 表示管理层薪酬黏性,Ins 表示当期上市公司是否参与董责险投保。在控制了相关变量和年度、行业固定效应之后,我们主要关注模型(1)中的回归系数 β_1,若 β_1 显著为负则证明董责险可以通过外部治理作用来有效抑制管理层薪酬黏性。在模型(2)中,我们引入交互项 Ins×CV。CV 为两权分离度虚拟变量,若上市公司两权分离度高于整体均值则取值为 1,否则取值为 0。我们主要检验交互项系数 β_3,若 β_3 显著为负则证明两权分离度越高,保险公司施行外部监督程度越强。

由于我国关于上市公司购买董责险的情况采取自愿披露的原则,因此本文通过公司章程或股东大会手工收集上市公司购买董责险的情况。根据贾宁和梁楚楚(2013)的研究,董责险通常是一年期保险且上市公司购买之后往往会选择连续投保,因此关于董责险的购买情况,上市公司通常会选择在购买或停止购买的时间点于公司章程或股东大会公告中报告,而对于续约期间是否公告则视具体情况而定。本文参照胡国柳和胡珺(2017)的做法,构建虚拟变量 Ins 表示上市公司是否参与董责险的投保。若上市公司当期进行董责险的投保,则 Ins 取值为 1,否则取值为 0。对于那些在公告购买日之后的年度,若没有特别公告取消董责险的购买,则将 Ins 延展取值为 1。

对于管理层薪酬黏性,借鉴步丹璐和文彩虹(2013)、徐悦等(2018)的方法,本文选取当期上市公司披露的董事、监事及高管薪酬总额前三名按以下步骤计算:(1)选取期间为 2005—2019 年的上市公司,计算每年的净利润变化率和管理层薪酬变化幅度;(2)用每期管理层薪酬变化幅度除以当期净利润变化率计算管理层薪酬业绩敏感性;(3)在回归样本期间(2010—2019 年),以当年及前四年为一个周期,滚动计算数据中利润上升和利润下降时的薪酬业绩敏感性均值,若连续五年利润上升或下降则剔除样本;(4)最后分别计算每一个滚动期内利润上升时的薪酬业绩敏感性均值和利润下降时的薪酬业绩敏感性均值,两者相减得到滚动五年期的管理层薪酬黏性。

除上述主要变量之外,本文还控制了其他影响管理层薪酬黏性的相关变量,包括公司规模(Size)、资产负债率(Lev)、企业成长性(Growth)、股权集中度(Control)、高管持股比例(Mhold)、两职合一(Dual)、董事会规模(Board)、独立董事规模(Idpdt),以及年度(Year)、行业(Ind)固定效应。具体变量的定义与解释如表 1 所示。

表 1 变量定义

变量类别	变量符号	变量名称	定义及计算
被解释变量	NX	管理层薪酬黏性	滚动五年计算,管理层(董事、监事及高管)前三名的业绩上升时薪酬业绩敏感性-业绩下降时薪酬业绩敏感性
解释变量	Ins	董责险	虚拟变量,当期购买董责险取值为 1,否则取值为 0
	CV	两权分离度	虚拟变量,高于均值时取值为 1,否则取值为 0

(续表)

变量类别	变量符号	变量名称	定义及计算
控制变量	Size	公司规模	公司年末总资产的自然对数
	Lev	资产负债率	负债总额/资产总额
	Growth	企业成长性	营业收入增长率
	Control	股权集中度	第一大股东持股数/总股数
	Mhold	高管持股比例	高管持股数/总股数
	Dual	两职合一	若董事长兼任总经理,则 Dual 取值为 1,否则取值为 0
	Board	董事会规模	董事会总人数加 1 取自然对数
	Idpdt	独立董事规模	独立董事人数/董事会总人数
	Year	年度	年度虚拟变量
	Ind	行业	行业虚拟变量

四、实证结果与分析

(一) 描述性统计

表 2 展示了描述性统计分析结果。从中可以发现,Ins 的均值为 0.068,说明仅有 7% 左右的样本购买了董责险,这与我国上市公司购买董责险的统计数据基本一致,但同时也印证了董责险在上市公司中的普及程度还比较低。管理层薪酬黏性 NX 的均值为 2.609,这说明管理层薪酬在公司业绩上升时的上升幅度要比在公司业绩下降时的下降幅度平均高 2.609%;同时,NX 的最大值为 87.584、最小值为 −11.455,这说明不同上市公司的管理层薪酬黏性存在明显的差距。两权分离度 CV 的均值为 0.308,中位数为 0,这说明部分上市公司中存在较为严重的控制权和现金流权严重失衡的情况。其他控制变量的分布与现有文献基本保持一致,这里不再进行描述。

表 2 描述性统计

变量	样本量	均值	标准差	中位数	最小值	最大值
NX	16 559	2.609	8.705	0.575	−11.455	87.584
Ins	16 559	0.068	0.252	0	0	1.000
CV	16 559	0.308	0.462	0	0	1.000
Size	16 559	22.220	1.280	22.078	17.92	26.263
Lev	16 559	0.455	0.219	0.449	0.047	2.613

(续表)

变量	样本量	均值	标准差	中位数	最小值	最大值
Growth	16 559	0.208	0.682	0.091	−0.725	10.070
Control	16 559	34.357	14.721	32.140	8.410	78.840
Mhold	16 559	0.051	0.116	0.001	0	0.617
Dual	16 559	0.233	0.423	0	0	1.000
Board	16 559	2.253	0.178	2.303	1.792	2.773
Idpdt	16 559	0.373	0.053	0.333	0.294	0.600

（二）实证结果与分析

表3报告了董责险与管理层薪酬黏性的关系以及两权分离度如何影响两者关系。第(1)列报告了购买董责险对上市公司管理层薪酬黏性的影响，Ins的系数为−0.765且在1%的统计水平上显著。回归结果说明了上市公司购买董责险可以成功地发挥保险机构的外部治理功能，显著抑制了管理层薪酬黏性水平，形成了良好的外部监督机制，假设1得到初步验证。

表3 董责险与管理层薪酬黏性的回归结果

变量	(1)	(2)	(3)	(4)	(5)	(6)
Ins	−0.765***	−0.387	−0.594**	−0.233	−0.809**	−0.496
	(−2.77)	(−1.16)	(−2.41)	(−0.78)	(−2.51)	(−1.30)
CV		0.068		0.129		0.434**
		(0.44)		(0.92)		(2.27)
Ins×CV		−1.174**		−1.118**		−0.973*
		(−2.03)		(−2.17)		(−1.79)
Size	0.436***	0.432***	0.488***	0.485***	0.353***	0.219***
	(6.58)	(6.52)	(8.26)	(8.19)	(4.49)	(3.03)
Lev	−1.827***	−1.817***	−1.502***	−1.493***	−1.555***	−0.692*
	(−5.09)	(−5.06)	(−4.69)	(−4.66)	(−3.63)	(−1.86)
Growth	−0.182*	−0.182*	−0.206**	−0.207**	−0.224*	−0.204**
	(−1.82)	(−1.82)	(−2.31)	(−2.32)	(−1.76)	(−2.33)
Control	0.014***	0.014***	0.008*	0.008*	0.024***	0.028***
	(2.95)	(2.90)	(1.95)	(1.86)	(4.19)	(5.06)
Mhold	0.041	0.079	0.257	0.353	−0.586	−0.829
	(0.06)	(0.11)	(0.42)	(0.57)	(−0.74)	(−1.14)

（续表）

变量	(1)	(2)	(3)	(4)	(5)	(6)
Dual	−0.013	−0.007	0.006	0.007	−0.164	−0.216
	(−0.07)	(−0.04)	(0.04)	(0.05)	(−0.78)	(−1.11)
Board	−1.141**	−1.124**	−1.447***	−1.432***	0.277	1.018*
	(−2.38)	(−2.34)	(−3.39)	(−3.35)	(0.49)	(1.94)
Idpdt	−2.656*	−2.617*	−1.587	−1.512	−4.027**	−3.080
	(−1.74)	(−1.71)	(−1.16)	(−1.11)	(−2.24)	(−1.64)
常数项	−1.426	−1.435	−3.441**	−3.465**	−4.395**	−3.688*
	(−0.79)	(−0.79)	(−2.13)	(−2.14)	(−2.06)	(−1.80)
Year	控制	控制	控制	控制	控制	控制
Ind	控制	控制	控制	控制	控制	控制
N	16 559	16 559	16 526	16 526	16 200	16 200
F 值	4.20***	4.09***	4.29***	4.39***	5.02***	4.04***
R^2	0.109	0.113	0.111	0.124	0.115	0.126

注：括号内为 t 值；***、**、* 分别表示在 1%、5%、10% 的统计水平上显著。

第(2)列中交互项 Ins×CV 的系数为 −1.174 且显著性水平达到 5%，这表明上市公司两权分离度越高，董责险的治理效应越强。这是因为如果上市公司两权分离度越高，其实际控制人就会拥有越高的决策权，他们进行利益操纵和隧道挖掘的可能性越高，因此公司具有越高的诉讼风险。董责险将这部分诉讼风险转由保险机构背书承担，而保险机构出于自身利益的考量，必然会加强对上市公司的监督，从而降低管理层薪酬黏性水平。因此，上市公司两权分离度越高，董责险的治理效应越强，假设 2 得到验证。

本文还进行了被解释变量的替换，用高管薪酬前三名计算所得的薪酬黏性或董事薪酬前三名计算所得的薪酬黏性进行回归。表 3 第(3)列、第(4)列报告了前者的回归结果，第(3)列 Ins 的系数为 −0.594，第(4)列交互项 Ins×CV 的系数为 −1.118，且均达到 5% 的显著性水平。第(5)列、第(6)列报告了董事薪酬前三名薪酬黏性的回归结果。第(5)列 Ins 的系数为 −0.809，显著性水平依旧维持在 5% 的水平上；第(6)列交互项 Ins×CV 的系数为 −0.973 且达到 10% 的显著性水平。由此可见，无论是对于管理层整体还是对于高管或董事，董责险均具有良好的治理效应，进一步验证假设 1 和假设 2。

从控制变量的回归结果来看，所有列得出的结果基本相似，我们选择其中的第(1)列展开阐述。Size 的系数为 0.436，Lev 的系数为 −1.827，两者的显著性都在 1% 水平上。这说明当企业资产规模较大且财务风险较低时，管理层的寻租空间较大,其薪酬黏性也会随之提高。独立董事规模 Idpdt 的系数显著为负,说明独立董事制度也可以对管理层行为进行有效的监督。控制变量的回归结果均与现有文献保持一致。

(三) 稳健性检验

为剔除其他潜在因素对结果的影响,本文进行如下稳健性检验:

(1) 由于购买董责险是上市公司管理层决策的结果,因此其与管理层薪酬黏性之间可能存在反向因果导致的内生性问题。我们选用工具变量法解决这一问题。参考 Lin et al.(2013)与邢斐和周泰云(2020)的做法,以行业平均投保率(Incidence)作为稳健性检验所使用的工具变量。同行业之间往往具有相似的经营风险和管理人才结构,由此行业投保率水平与上市公司是否购买董责险之间存在很强的相关关系,支持相关性条件;而具体的行业投保率水平与具体公司管理层的薪酬无关,满足外生性条件。因此,可以用行业平均投保率作为董责险的工具变量进行 2SLS 回归。表 4 第(1)列展示了第一阶段的回归结果,工具变量 Incidence 的系数为 0.714 且在 1% 的统计水平上显著。第(2)列报告了第二阶段的检验结果,我们主要关注的变量 Ins 在 5% 的统计水平上显著,系数为 −5.382。这些结果与原检验保持一致,说明本文结论具有稳健性。需要强调的是,检验中 Wald 卡方值为 91.17,不存在弱工具变量的问题。

表 4 稳健性检验

变量	第一阶段	第二阶段	滞后一期		滞后二期	
	Ins	NX	NX+1	NX+1	NX+2	NX+2
	(1)	(2)	(3)	(4)	(5)	(6)
Incidence	0.714***					
	(11.35)					
Ins		−5.382**	−0.837***	−0.399	−0.814***	−0.320
		(−2.22)	(−2.82)	(−1.12)	(−2.72)	(−0.89)
CV				0.057		0.057
				(0.35)		(0.35)
Ins×CV				−1.357**		−1.546**
				(−2.18)		(−2.46)
Size	0.035***	0.589***	0.440***	0.437***	0.430***	0.426***
	(14.69)	(5.44)	(6.35)	(6.29)	(6.04)	(5.99)

(续表)

变量	第一阶段 Ins (1)	第二阶段 NX (2)	滞后一期 NX+1 (3)	滞后一期 NX+1 (4)	滞后二期 NX+2 (5)	滞后二期 NX+2 (6)
Lev	0.006	−1.661***	−1.952***	−1.940***	−1.865***	−1.851***
	(0.59)	(−5.21)	(−4.98)	(−4.95)	(−4.57)	(−4.53)
Growth	−0.007***	−0.200**	−0.201*	−0.201*	−0.185*	−0.184*
	(−3.30)	(−2.44)	(−1.95)	(−1.95)	(−1.69)	(−1.68)
Control	−0.000***	0.013**	0.016***	0.016***	0.018***	0.018***
	(−3.43)	(2.56)	(3.27)	(3.22)	(3.55)	(3.50)
Mhold	−0.082***	−0.662	0.225	0.250	0.331	0.350
	(−7.40)	(−0.93)	(0.33)	(0.36)	(0.49)	(0.51)
Dual	−0.009**	−0.047	−0.066	−0.058	−0.091	−0.081
	(−2.00)	(−0.26)	(−0.36)	(−0.32)	(−0.49)	(−0.44)
Board	0.033**	−0.946**	−0.928*	−0.912*	−1.001**	−0.983**
	(2.41)	(−2.25)	(−1.88)	(−1.85)	(−2.00)	(−1.96)
Idpdt	0.198***	−1.541	−1.979	−1.946	−1.499	−1.460
	(4.62)	(−0.98)	(−1.26)	(−1.24)	(−0.94)	(−0.92)
常数项	−0.870***	−6.047**	−2.008	−2.008	−2.661	−2.666
	(−14.69)	(−2.43)	(−1.07)	(−1.07)	(−1.38)	(−1.38)
Year	控制	控制	控制	控制	控制	控制
Ind	不控制	不控制	控制	控制	控制	控制
N	16 559	16 559	15 615	15 615	14 503	14 503
F 值	40.45***		4.10***	4.01***	3.67***	3.64***
Wald chi2		91.17***				
R^2	0.161		0.129	0.110	0.109	0.109

注：括号内为 t 值；***、**、*分别表示在1％、5％、10％的统计水平上显著。

（2）使用滞后期样本数据。考虑到董责险发挥治理功能需要一段时间，本文选择滞后一期和滞后两期的薪酬黏性数据进行稳健性检验。检验结果如表4第(3)—(6)列所示，与前文并无出入。

（3）目前我国上市公司对董责险的投保率仅为8％，以至于本文样本可能存在较大的选择偏误，即那些购买董责险的公司本身具有较好的公司治理水平。本文使用 PSM＋DID(倾向得分匹配＋双重差分)的方法，分别进行1∶2

匹配和 1∶3 匹配,以每年购买董责险的上市公司作为处理组,分年度进行匹配得到反事实样本;并以该年度作为匹配公司的外生事件发生时间点进行 DID 回归。同时,本文还针对假设 2 建立 DDD(三重差分)模型做进一步的稳健性检验,回归结果如表 5 所示。第(1)列和第(3)列报告了 PSM 后 DID 模型的检验结果,其中 PSM 分别使用 1∶2 和 1∶3 比例进行最近邻匹配。1∶2 匹配时交互项 Ins×Post(Post 表示上市公司购买董责险之后的年份)的系数为 −0.79,1∶3 匹配时交互项 Ins×Post 的系数为 −0.712,两者至少在 5% 的统计水平上显著。第(2)列和第(4)列报告了 DDD 模型的检验结果,值得关注的是三项交互项 Ins×Post×CV。在 1∶2 匹配时,Ins×Post×CV 的系数为 −1.196,显著性维持在 10% 的水平上。在 1∶3 匹配时,Ins×Post×CV 的系数为 −1.377,显著性水平进一步提高。这说明在控制样本选择偏误后,观察同一样本在购买董责险前后的管理层薪酬黏性变化情况,仍然可以得到与之前一致的结论。

表 5 倾向得分匹配样本的回归结果

变量	1∶2 匹配		1∶3 匹配	
	DID	DDD	DID	DDD
	(1)	(2)	(3)	(4)
Ins×Post	−0.790***	−0.405	−0.712**	−0.266
	(−2.66)	(−1.13)	(−2.48)	(−0.76)
CV		0.056		0.208
		(0.26)		(1.07)
Ins×Post×CV		−1.196*		−1.377**
		(−1.91)		(−2.28)
Size	0.438***	0.432***	0.462***	0.455***
	(4.96)	(4.90)	(5.73)	(5.64)
Lev	−1.785***	−1.769***	−2.021***	−2.001***
	(−3.54)	(−3.51)	(−4.49)	(−4.45)
Growth	−0.236*	−0.235*	−0.173	−0.174
	(−1.75)	(−1.74)	(−1.40)	(−1.41)
Control	0.014**	0.014**	0.015***	0.015**
	(2.20)	(2.18)	(2.58)	(2.50)

(续表)

变量	1∶2 匹配		1∶3 匹配	
	DID	DDD	DID	DDD
	(1)	(2)	(3)	(4)
Mhold	−0.216	−0.223	−0.955	−0.791
	(−0.15)	(−0.15)	(−0.76)	(−0.62)
Dual	0.175	0.194	0.150	0.155
	(0.65)	(0.72)	(0.63)	(0.65)
Board	−2.033***	−2.001***	−2.275***	−2.242***
	(−3.28)	(−3.23)	(−3.99)	(−3.93)
Idpdt	−3.613*	−3.583*	−3.249*	−3.101*
	(−1.78)	(−1.77)	(−1.75)	(−1.67)
常数项	−0.486	−0.511	−0.378	−0.445
	(−0.21)	(−0.22)	(−0.17)	(−0.20)
Year	控制	控制	控制	控制
Ind	控制	控制	控制	控制
N	9 686	9 686	11 258	11 258
F 值	3.33***	3.26***	4.14***	4.06***
R^2	0.113	0.113	0.115	0.114

注：括号内为 t 值；***、**、* 分别表示在1%、5%、10%的统计水平上显著。

五、进一步研究

我们注意到，董责险的治理效应与外部制度环境有很大关联。与西方国家的律师胜诉酬金制度、集团诉讼制度不同的是，我国《公司法》与《证券法》虽然对上市公司管理层行为规范做出了相应要求，但并没有明晰界定与之对应所承担的责任。贾宁和梁楚楚（2013）认为，在法制和监管宽松的情况下，管理层并没有受到诉讼风险带来的潜在威胁，因此上市公司没有投保动机，此时董责险实际上构成"过度投保"，并不能产生有效的治理效应。董责险作为我国资本市场的新兴事物，从产生到规范运用必然需要经历一段时间的实践探索，事实上国务院2014年发布的相关指导意见明确强调发展董责险对上市公司的重要性。为了考察董责险在一个规范性较强的制度环境下的实践效果,我们可以借助差异化的内部控制质量视角以及不同产权性质的上市公司进行检验。

自美国《萨班斯-奥克斯利法案》(简称"SOX")出台以来,公司内部控制制度及其效果开始进入学者的视野并得到广泛关注。2008年,我国出台了《企业内部控制基本规范》,其矛头直指上市公司内部控制的有效性,要求上市公司进行自我评价并发布相应报告,被称为"中国的SOX"。自2009年7月起,我国上市公司率先实施《企业内部控制基本规范》,同时该规范也被鼓励在其他大中型企业中推广。内部控制信息的披露促进了公司内部管理朝规范化趋势发展,为董责险抑制管理层薪酬操纵行为创造了制度条件。由于管理层业绩型薪酬契约的设计大多根据公司财务信息,而信息的编制者是管理当局,因此存在较大信息不对称下的道德风险。内部控制旨在保证公司财务信息的真实、准确与完整,故内部控制信息的披露在一定程度上缓解了公司的信息不对称问题并为保险机构提供了信息监督视角。保险公司可以利用企业的内部控制信息,更有效地监督上市公司管理层行为。我们认为,如果公司具有较为规范的内部控制制度,董责险就可以更好地发挥治理作用。

在不同产权性质下,公司治理的内部环境也存在很大差异。具体而言,国有企业由国家出资,其所有权属于全体人民,因此除了经济责任,国有企业还要承担其必须负担的政策责任。同时,国有企业管理层具有"准官员"的政治身份,一旦出现重大的经济问题或诉讼,他们就将面临更严峻的惩罚。通过董责险作为出资人为管理层购买的商业责任保险,保险机构可以对管理层行为进行有效监督,避免两权分离制下因管理层权力过大而产生在职消费问题。我们预期,国有企业中董责险对管理层薪酬黏性的抑制作用会更强。

为了验证这一预期,本文使用模型(1)对高内部控制质量组(HIGH ICD)和低内部控制质量组(LOW ICD)以及国有企业组(SOE)和非国有企业组(NSOE)进行分组回归。其中,内部控制分组选取DIB(迪博内部控制)指数作为标准,以当期上市公司DIB指数均值为界进行二分。此外,若某样本当期存在内部控制缺陷,则其DIB指数为0。为了避免该类样本影响整体均值偏低的情况,我们在计算均值时将这些样本剔除,并将其直接归入低内部控制质量组。表6报告了分组回归后董责险与管理层薪酬黏性的关系。第(1)列、第(2)列报告了按内部控制质量高低的分组回归结果,结果显示在高内部控制质量组,董责险治理效应Ins的系数在5%的统计水平上显著,系数值为-0.819;而当内部控制不足时,Ins的系数仅为-0.727,且显著性水平下降。比较两组系数的绝对值发现,公司内部控制质量越高,董责险治理作用越强。第(3)列和第(4)列展示了不同产权性质企业的分组回归结果,结果显示国有企业中董责险与管理层薪酬黏性的相关系数为-0.935且显著性水平为1%,而非国有企业中董责险与管理层薪酬黏性的回归系数为-0.586但不显著。这说明相较于非国有企业,国有企业中董责险体现出更明显的治理效应,并且其强度还要高于全样本。上述结果表明,在制度环境更规范和严格的条件下,董责险可以更好地抑制管理层薪酬黏性,具有更良好的治理效应。

表6 分组检验回归结果

变量	HIGH ICD (1)	LOW ICD (2)	SOE (3)	NSOE (4)
Ins	-0.819**	-0.727*	-0.935***	-0.586
	(-2.08)	(-1.87)	(-2.61)	(-1.26)
Size	0.496***	0.281***	0.575***	0.442***
	(4.76)	(3.11)	(5.58)	(4.84)
Lev	-2.028***	-1.380***	-2.821***	-0.999**
	(-3.12)	(-3.26)	(-4.61)	(-2.23)
Growth	-0.322**	-0.040	-0.078	-0.268**
	(-2.21)	(-0.29)	(-0.45)	(-2.21)
Control	0.012	0.016**	0.001	0.027***
	(1.61)	(2.48)	(0.15)	(4.08)
Mhold	-0.828	0.772	7.458	-0.270
	(-0.81)	(0.86)	(1.12)	(-0.39)
Dual	0.050	-0.054	-0.460	0.121
	(0.18)	(-0.23)	(-1.22)	(0.59)
Board	-1.536**	-0.689	-2.618***	0.482
	(-2.19)	(-1.06)	(-3.64)	(0.71)
Idpdt	-1.143	-4.302**	-1.326	-1.391
	(-0.51)	(-2.10)	(-0.57)	(-0.67)
常数项	-1.489	0.485	0.366	-6.969***
	(-0.54)	(0.20)	(0.14)	(-2.58)
Year	控制	控制	控制	控制

（续表）

变量	HIGH ICD (1)	LOW ICD (2)	SOE (3)	NSOE (4)
Ind	控制	控制	控制	控制
N	8 533	8 026	7 026	9 533
F 值	2.77***	1.84***	3.31***	3.17***
R^2	0.121	0.108	0.117	0.112

注：括号内为 t 值；***、**、*分别表示在1%、5%、10%的统计水平上显著。

六、结论与政策建议

本文基于2010—2019年我国上市公司数据，检验董责险对管理层薪酬黏性的影响。研究结果显示，董责险对于上市公司管理层薪酬黏性产生了显著的抑制效应，促进了收入分配的公平与合理，从而起到了良好的治理作用。本文还发现，上市公司两权分离度越大，董责险的治理作用越强。其原因在于，当上市公司两权分离度较高时，保险公司承担的风险更大，其治理意愿更强。本文进一步比较国有企业和非国有企业董责险对管理层薪酬黏性的抑制程度，发现董责险的有效性依赖于制度环境的规范程度。当制度环境较好时，董责险可以发挥其治理作用；而当制度环境较差时，董责险对管理层薪酬黏性不具有显著的抑制作用。

基于上述结论，本文提出如下建议：

第一，推广并鼓励上市公司引入董责险作为外部治理机制。相比于欧美国家90%左右的覆盖率，我国董责险投保率仅为7%。而现阶段在外部制度环境尚不成熟的情况下，除了作为一种监督手段，董责险更是一种中小股东权益保护机制，因为董责险可以很大程度地避免两权分离制下大股东对中小股东的利益攫取问题。

第二，建立完善的相关制度和法规。一方面规范诉讼制度，提升上市公司购买董责险的意愿，进而使董责险作为公司治理手段减少管理层的事前自利行为；另一方面完善董责险相关披露规范要求，将其纳入内部控制质量评价体系，避免管理层机会主义而使其成为管理层自利行为的保护伞。本文发现，上市公司内部控制质量越高，董责险对管理层薪酬黏性的抑制作用越强。因此，上市公司要进一步加强内部控制建设，以发挥董责险的积极治理作用。

第三,强化对国有企业高管的监督,适度引入外部监督机制。本文的经验证据表明,政治监督体制越严厉,董责险所能发挥的治理效应越强。因此,国有企业应充分发挥制度体制优势,结合使用有效的治理工具,保证管理层恰当履行其职责,进而提升企业价值。

参 考 文 献

步丹璐,文彩虹,2013.高管薪酬黏性增加了企业投资吗[J].财经研究,39(6):63-72.

陈修德,彭玉莲,吴小节,2014.中国上市公司CEO薪酬黏性的特征研究[J].管理科学,27(3):61-74.

方军雄,2009.我国上市公司高管的薪酬存在黏性吗[J].经济研究,44(3):110-124.

胡国柳,胡珺,2017.董事高管责任保险与企业风险承担:理论路径与经验证据[J].会计研究(5):40-46.

胡国柳,谭露,2018.董事高管责任保险与信用评级:基于中国A股上市公司的经验分析[J].保险研究(9):81-92.

贾宁,梁楚楚,2013.董事高管责任保险、制度环境与公司治理:基于中国上市公司盈余管理的视角[J].保险研究(7):57-67.

赖黎,唐芸茜,夏晓兰,等,2019.董事高管责任保险降低了企业风险吗:基于短贷长投和信贷获取的视角[J].管理世界,35(10):160-171.

雷宇,郭剑花,2017.规则公平与员工效率:基于高管和员工薪酬黏性差距的研究[J].管理世界(1):99-111.

李从刚,许荣,2019.董事高管责任保险、公司治理与企业创新:基于A股上市公司的经验证据[J].金融监管研究(6):85-102.

凌士显,白锐锋,2017.董事高管责任保险的公司治理作用:基于双重代理成本的视角[J].财贸经济,38(12):95-110.

卢锐,魏明海,黎文靖,2008.管理层权力、在职消费与产权效率:来自中国上市公司的证据[J].南开管理评论(5):85-92.

罗玫,陈运森,2010.建立薪酬激励机制会导致高管操纵利润吗[J].中国会计评论(1):3-16.

罗正英,詹乾隆,段姝,2016.内部控制质量与企业高管薪酬契约[J].中国软科学(2):169-178.

权小锋,吴世农,文芳,2010.管理层权力、私有收益与薪酬操纵[J].经济研究,45(11):73-87.

王克敏,王志超,2007.高管控制权、报酬与盈余管理:基于中国上市公司的实证研究[J].管理世界(7):111-119.

邢斐,周泰云,2020.董事高管责任保险与企业战略[J].保险研究(11):32-46.

许荣,王杰,2012.董事责任保险与公司治理机制的互动影响研究:来自中国A股上市公司的证据[J].保险研究(3):68-78.

徐悦,刘运国,蔡贵龙,2018.高管薪酬黏性与企业创新[J].会计研究(7):43-49.

张汉南,孙世敏,马智颖,2019.高管薪酬黏性形成机理研究:基于掏空视角[J].会计研究(4):65-73.

张路,张瀚文,2017.超募资金与高管薪酬契约[J].会计研究(4):38-44.

张永冀,吕彤彤,苏治,2019.员工持股计划与薪酬黏性差距[J].会计研究(8):55-63.

郑志刚,许荣,徐向江,等,2011.公司章程条款的设立、法律对投资者权力保护和公司治理:基于我国A股上市公司的证据[J].管理世界(7):141-153.

BOYER M, 2006. Directors' and officers' insurance and shareholder protection[J]. Journal of financial perspectives, 2(3): 107-128.

CHENG S, 2005. Managerial entrenchment and loss-shielding in executive compensation[R]. University of Michigan working paper.

CHUNG H H, WYNN J P, 2008. Managerial legal liability coverage and earnings conservatism[J]. Journal of accounting and economics, 46(1): 135-153.

CHUNG H S H, HILLEGEIST S A, WYNN J P, 2015. Directors' and officers' legal liability insurance and audit pricing[J]. Journal of accounting and public policy, 34(6): 551-577.

CORE J E, et al., 1997. On the corporate demand for directors' and officers' insurance[J]. Journal of risk & insurance, 64(1): 63-87.

CORE J E, et al., 2000. The directors' and officers' insurance premium: an outside assessment of the quality of corporate governance[J]. Journal of law, economics & organization, 16(2): 449-477.

GAVER J J, GAVER K M, 1998. The relation between nonrecurring accounting transactions and CEO cash compensation[J]. The accounting review, 73(2): 235-253.

AKERLOF G A, 1970. The market for "lemons": quality uncertainty and the market mechanism[J]. The quarterly journal of economics, 84(3): 488-500.

ZOU H, ADAMS M B, 2008. Debt capacity, cost of debt, and corporate insurance[J]. Journal of financial and quantitative analysis, 43(2): 433-466.

JACKSON S B, LOPEZ T J, REITENGA A L, 2008. Accounting fundamentals and CEO bonus compensation[J]. Journal of accounting & public policy, 27(5): 374-393.

JENSEN M C, MECKLING W H, 1976. Theory of the firm: managerial behavior, agency costs and ownership structure[J]. Journal of financial economics, 3(4): 305-360.

JIA N, TANG X, 2018. Directors' and officers' liability insurance, independent director behavior, and governance effect[J]. Journal of risk & insurance, 85(4): 1013-1054.

KANNIAINEN V, 2000. Empire building by corporate managers: the corporation as a savings instrument[J]. Journal of economic dynamics & control, 24(1): 127-142.

HALLOCK K F, 1997. Reciprocally interlocking boards of directors and executive compensation[J]. Journal of finance and quantitative analysis, 32(3): 331-344.

LIN C, OFFICER M S, WANG R, et al., 2013. Directors' and officers' liability insurance and loan spreads[J]. Journal of financial economics, 110(1): 37-60.

BOYER M M, STERN L H, 2012. Is corporate governance risk valued? evidence from directors' and officers' insurance[J]. Journal of corporate finance, 18(2): 349-372.

O'SULLIVAN N, 1997. Insuring the agents: the role of directors' and officers' insurance in corporate governance[J]. Journal of risk & insurance, 64(3): 545-556.

PORTA R L, LOPEZ-De-SILANES F, SHLEIFER A, 1999. Corporate ownership around the world[J]. The journal of finance, 54(2): 471-517.

GILLAN S L, PANASIAN C A, 2015. On lawsuits, corporate governance, and directors' and officers' liability insurance[J]. Journal of risk & insurance, 82(4): 793-822.

ZHANG M, GAO S, GUAN X, et al., 2014. Controlling shareholder-manager collusion and tunneling: evidence from China[J]. Corporate governance an international review, 22(6): 440-459.

表外租赁是否存在财务报告动机
——兼论融资约束的异质性作用

谭 超 杨文莺[*]

摘 要 近年来,我国上市公司存在大量的表外租赁,这种"隐形负债"的快速增长已然超出正常的租赁需求。本文通过计算表外租赁中的异常成分发现,攫取租赁会计处理所带来的报表"美化"收益是造成表外租赁异常增加的重要原因,即上市公司的表外租赁行为存在财务报告动机。进一步研究发现,上市公司融资约束越高,其表外租赁的财务报告动机越强。当租赁方式的操纵成本(契约签订成本和监督成本)较低时,表外租赁的财务报告动机对融资约束的敏感程度更高。此外,表外租赁的财务报告动机降低了会计信息可比性。本文研究结论有助于启发上市公司利益相关者对表外租赁的动机产生新的认识,为租赁准则的完善及市场参与者正确识别表外负债提供借鉴,对中共十九大提出的防范系统性金融风险具有较强的政策启示。

关键词 表外租赁 异常租赁 财务报告动机 杠杆操纵 新租赁准则

Financial Report Incentives in Off-balance-sheet Leases: The Perspective of Heterogeneous Role of Financing Constraints

CHAO TAN WENYING YANG

Abstract Off-balance-sheet leases is prevalent in China, the rapid growth of this "hidden liabilities" has exceeded the normal leasing demand. By calculating the abnormal amount in off-balance-sheet leases, We find that the "beautification" income from off-balance treatment of operating lease is an important reason for the abnormal increase of off-balance

---

[*] 中南财经政法大学会计学院。通信作者:杨文莺;地址:湖北省武汉市洪山区南湖大道182号;邮编:430073;E-mail:yangwy88315@163.com。当然,文责自负。

sheet leasing, in other words, there is financial report incentives in the off-balance sheet leasing. Further, We find that the higher the financial constraints companies subject to, the stronger the financial report incentives. Also, the lower the manipulation cost of leasing transaction (contrasing to negotiation cost and detected cost), the higher the sensitivity of financial reporting incentives to financing constraints. Furthermore, financial reporting incentives will reduce the comparability of accounting information. These results contribute to the deeper understanding of leasing motivation, and provide reference for the improvement of the accounting standards and the identification of off-balance-sheet liabilities by market participants, and have important policy implications for the prevention of systemic financial risks proposed by the 19th National Congress of the Communist Party of China.

Key words Off-balance-sheet Leases; Abnormal Leases; Financial Report Incentives; Leverage Manipulation; New Accounting Standard for Leases

一、引 言

租赁是一种使所有权与使用权相分离的融资契约。原租赁准则依据"所有权模式"将租赁方式划分为融资租赁和经营租赁;融资租赁因所有权和风险发生实质性转移而要求在财务报表内进行确认;经营租赁仅是资产使用权的转移,对承租人而言不必进行表内确认而只需表外披露,故又被称为表外租赁。[1] 这种会计处理的差异为管理者在标准线附近调整租赁条款留下了空间,通过重构合同将原本应该在表内确认的租赁资产和负债移至表外,这样既获得了类似融资租赁的融资功效,又规避了表内确认对财务指标的影响,保持了财务报表的"美观",由此成为很多公司最常见也最重要的表外融资来源(Lim et al., 2017)。本文发现,截至 2017 年年底,我国 A 股上市公司由租赁产生的表外负债高达 1.21 万亿元,同比 2013 年增长 42%。监管机构和准则制定者认为,表外租赁的不断增加并没有体现租赁的经济实质(Altamuro et al., 2014)。新租赁准则要求以"使用权模式"将大部分租赁表内化,恰恰反映出对表外租赁真实意图的担忧,这是很值得研究的一个问题。

目前,学术界对不断增加的表外租赁现象存在经济目的和财务报告目的两种解释。早期文献关于租赁及租赁方式的研究主要集中于经济因素,包括税盾转移效应(Lewis and Schallheim, 1992)、融资约束(Mills and Newberry,

---

[1] 我国会计准则从承租人角度仅将租赁划分为融资租赁和经营租赁,因此本文所指表外租赁即为准则定义的经营租赁,二者所指内容相同。

2005)、现金流约束(Zechman,2010)、资产可回收优势(Eisfeldt and Rampini,2009)。但是,现有关于租赁动机的经济学理论并不能很好地解释表外租赁不断增加的趋势(Cornaggia et al.,2015)。机会主义理论认为,两种租赁方式之间明确的划分标准,使得公司管理者可以在"标准线"附近任意构造特定交易(Bratten et al.,2013),从而导致截然不同的会计处理。受融资契约和管理者激励计划的影响,有经验的管理者会操纵租赁方式(EL-Gazzar et al.,1986;Smith and Wakeman,1985),将与租赁相关的资产和负债保留在表外以达到特定的财务报告目的。例如,隐藏负债从而改善财务比率(Biondi et al.,2011;Imhoff et al.,1991),或者对投资者与债权人掩饰公司财务风险(Mills and Newberry,2005)。

本文手工收集我国A股上市公司2013—2017年的表外租赁数据,计算并分析得出异常租赁额,结果表明租赁的确存在财务报告动机且具有显著的行业效应,这一结果揭示出管理者利用表外租赁模糊租赁交易实质、粉饰财务报表的事实。租赁的财务报告动机增加了信息不对称性,当公司面临真实财务需求时,管理者会优先掩饰财务风险以应对监管压力而非通过信号传递来降低信息不对称,即在本文研究设计下,相对于融资约束低公司,融资约束高公司的表外租赁财务报告动机更强。进一步分析发现,租赁方式操纵成本越低,融资约束对表外租赁财务报告动机的作用越强,并且表外租赁的财务报告动机会降低会计信息的可比性。

相比于以往研究,本文的贡献在于:(1)本文对租赁是否存在财务报告动机的争论提供了直接数据支持。一方面,已有文献从会计信息质量(Beatty et al.,2010;Dechow et al.,2011)、外部监管(Cornaggia et al.,2015)和信用评级(Lim et al.,2017)等角度间接证明租赁存在财务报告动机,而许晓芳和陆正飞(2020)仅从理论上提出构造经营租赁是杠杆操纵的一种手段;另一方面,Wong et al.(2016)、Caskey and Ozel(2019)认为租赁方式的选择主要取决于经济动机,不存在财务报告动机。本文手工收集表外租赁数据,较早地对我国资本市场上的"表外租赁"现象进行研究,论证租赁方式选择背后潜藏的财务报告动机。(2)本文丰富了财务报告动机与经济动机动态影响方面的文献。已有研究大多考察租赁的单一动机(Mills and Newberry,2005;Sharpe and Nguyen,1995;Eisfeldt and Rampini,2009),而本文从融资约束的视角,对经济动机如何影响财务报告动机进行系统性分析和检验。(3)本文拓展了租赁方式操纵的"前因"和"后果"研究。本文首次从契约签订成本与契约监督成本的视角分析租赁操纵成本对表外租赁财务报告动机的影响,并首次检验表外租赁财务报告动机对会计信息可比性的影响。

本文后续部分的研究内容安排如下：第二部分为制度背景和文献回顾；第三部分分析表外租赁财务报告动机的存在性；第四部分为融资约束的异质性影响；第五部分为结论与启示。

二、制度背景与文献回顾

（一）制度背景

随着租赁交易的发展，租赁会计经历了三个主要发展阶段：(1)完全表外阶段；(2)"所有权模式"阶段；(3)"使用权模式"阶段。传统租赁交易中承租人以获取资产使用权为目的，即经营租赁；随着市场经济中信用关系的发展，逐渐产生集"融资"和"融物"为一体的现代租赁，即融资租赁。20世纪60年代以前，无论是经营租赁还是融资租赁均游离于财务报表之外。直到1964年，美国会计原则委员会（APB）首次要求根据"所有权模式"将融资租赁相关资产和负债表内化，而经营租赁只需在报表附注中披露未来最低租赁付款额。在"所有权模式"阶段，规则导向的租赁会计准则一直饱受各方诟病，其中一个主要质疑就是融资租赁和经营租赁的划分标准过于武断（例如，租赁期长于资产使用寿命的75%以上；最低租赁付款额现值大于资产公允价值90%以上），使得管理层可以在标准线附近构造租赁条款以人为控制租赁交易是否表内化。这种"灵活性"使得财务报表失真地反映承租人企业的资本结构，从而导致会计信息可比性下降。因此，2006年IASB（国际会计准则理事会）和FASB（美国财务会计准则委员会）成立了联合委员会，将租赁加入共同讨论事项，并于2016年分别发布了新租赁准则IFRS No.16和ASU 2016-02，要求按照"使用权模式"将几乎所有租赁资产和负债表内化。我国也于2018年12月发布了修订后的《企业会计会计准则第21号——租赁》。但是，"使用权模式"是"所有权模式"饱受诟病下的一剂良药还是矫枉过正尚不明了，了解租赁是否存在机会主义行为、扭曲租赁会计信息，可能为预测新租赁准则能否达到预期目的提供信息。

（二）文献回顾

1. 有关租赁经济动机的文献回顾

MM完美市场理论下，企业价值与企业是否负债无关（Modigliani and Miller, 1958），因此租赁和购买之间的现金流差异并不会对公司价值产生影响。为突破完美市场假设,早期关于租赁动机的文献主要集中于税盾转移效应。与出售资产相比,出租人可以享受税前抵扣利息和折旧带来的节税利益,从而愿意降低租金向那些无法充分利用节税效应的承租人购买税盾(Lewis and Schallheim,1992),使租赁双方都可以从租赁中获益。因此,传统税盾转移效应认为税率越低的公司越倾向于租赁(Graham et al.,1998;Sharpe and Nguyen,1995)。之后的文献更多地转向研究租赁的另一个动机,即公司的融资需求。不可撤销租赁合同需要承担固定的租金义务,这种性质类似于抵押借款,被当作抵押借款的一种替代方式(Yan,2006)。关于租赁和债务之间的关系,实证研究发现了各种各样的证据,Ang and Peterson(1984)称之为"租赁之谜"。但近期大部分研究表明,当受融资约束无法获得贷款来购买设备等资产时,公司会更倾向于租赁(Mills and Newberry,2005)。随后,Eisfeldt and Rampini(2009)从破产时租赁资产回收优势角度出发,认为破产风险高的公司更倾向于租赁,并将这种现象称为租赁的"资本保全"。不仅如此,外部融资成本高(Sharpe and Nguyen,1995)、信贷受限(Mills and Newberry,2005)、成长机会高(Yan,2006)、现金流紧张(Zechman,2010)、信用评级低(Lim et al.,2017)、经营不确定性高(Caskey and Ozel,2019)的公司更倾向于选择租赁。另有少量研究从租赁资产特征角度分析租赁的动机,发现资产流动性高(Gavazza,2010,2011)、资产专用性低(Wong et al.,2016)的公司更倾向于租赁。可见,当前关于租赁动机的研究主要集中于公司的经济需求,而鲜少考虑租赁的财务报告动机,这凸显了后者的研究价值。

2. 有关租赁财务报告动机的文献回顾

在 2010 年 IASB 和 FASB 发布关于租赁准则的联合征求意见稿之后,少量研究开始关注表外租赁的财务报告动机,但结论不一致。部分研究从会计信息质量、盈余操纵、债务契约、信用评级等方面间接证明了租赁财务报告动机的存在。Beatty et al.(2010)研究表明,财务报告质量较低的公司更倾向于租赁,而当加入银行等监管机制后,财务报告质量的作用会减弱。Dechow et al.(2011)发现,收益高估公司的经营租赁活动在收益高估年度较多。Cornaggia et al.(2015)研究发现,表外租赁与限制性债务契约条款(如债务上限、资本支出上限)正相关,表明管理者利用表外租赁融资故意扭曲资产负债表,以避免违反限制性债务契约。Lim et al.(2017)研究发现,接近信用评级临界点的公司会使用更多的表外租赁,即公司使用表外租赁来管理信用评级。上述研究均从侧面表明管理者存在机会主义行为,利用表外租赁进行财务报表管理。然而,Zhang and Liu(2020)研究发现,国有企业可能会利用租赁的会计处理进行反向管理,更多地使用表内租赁扩大公司规模以实现帝国建设目标。除此之外,也有文献认为租赁不存在财务报告动机。Wong et al.(2016)从资产专用性角度考察公司租赁的动机,认为在公司租赁决策中是效率因素起作用而不是会计上的机会主义行为。Caskey and Ozel(2019)研究表明提高融资能力、适应业务不稳定性、节税效应是租赁决策的主要驱动因素,认为管理者不存在财务报告动机,或者财务报告动机在租赁决策中处于不重要的地位。甚至有文献认为,当公司出于经济需求使用表外租赁时,会自愿披露更多的信息来提高财务报告透明度(Zechman,2010)。

综上所述,现有关于财务报告动机对表外租赁的影响的研究都是通过与信用评级、经济因素无关性、会计信息质量予以间接证明的,并且没有直接探讨财务报告动机与表外租赁的关系。为弥补这方面文献的不足,本文有针对性地研究表外租赁的财务报告动机,以及真实财务需求对二者关系的影响,拓展财务报表操纵方面的文献。

三、表外租赁财务报告动机的存在性

(一) 表外租赁的规模

1. 估计模型

为了解我国上市公司租赁行为中财务报告动机的存在性及程度,首先需要剖析上市公司的表外租赁存量规模。参考已有文献,本文使用经总资产账面价值标准化处理、可以在一定程度上控制公司规模和交易期间通货膨胀的影响之后的表外租赁负债(OBSleaseR)来衡量表外租赁的规模(Imhoff and Thomas, 1988)。目前文献中计算表外租赁负债的主流方法有两种,其一为推定资本化模型(以下简称"ILW 模型")(Imhoff et al., 1991),其二为永续模型(Lim et al., 2003, 2017)。

根据 ILW 模型,同时结合我国租赁准则只要求披露资产负债表日后三年及以后年度的最低租赁付款额的实际情况,本文将资本化模型设置为:

$$OBSleaseR = \frac{MLP_1}{(1+i)} + \frac{MLP_2}{(1+i)^2} + \frac{MLP_3}{(1+i)^3} + \sum_{t=1}^{n} \frac{MLPA}{(1+i)^{t+3}} + \frac{MLPTA - n \times MLPA}{(1+i)^{n+4}} \quad (1)$$

其中,MLP_s 为资产负债表日后第 s 年的最低租赁付款额;MLPA 为 MLP_s($s=1,2,3$)的平均值;MLPTA 为三年以后的最低租赁付款额;n 为三年以后剩余的租赁期,等于 MLPTA 除以 MLPA 后向下取整;i 为折现率,参考潘佳琪和陆建桥(2016)等,本文假定折现率为 6%。

根据永续模型(Lim et al.,2003,2017),将租赁负债视同永续年金。Lim et al.(2003,2017)认为,当租赁合同到期后,满足持续经营假设的公司会更新租赁合同。按照此方法将当期租赁费用和下年最低租赁付款额的平均值作为永续年金,进而估计表外租赁负债,计算公式为:

$$OBSleaseR = \frac{(RentExp_0 + MLP_1)/2}{i} \quad (2)$$

其中,$RentExp_0$ 是当期租赁费用,本文取管理费用和销售费用中的租赁费明细合计数作为当期租赁费用;其他变量定义同式(1)。

2. 样本选择

本文将 2013—2017 年披露了经营租赁未来最低租赁付款额的 A 股上市公司为初始样本,共有 2 312 个公司-年度样本,在剔除被特殊处理的公司(ST、*ST)、金融行业和主要变量数据缺失的样本之后,最终得到 1 889 个表外租赁的有效样本。表外租赁数据手工收集自年度财务报告附注,银行授信数据来自 Wind 数据库并根据年度财务报告补充整理,其他研究数据来自 CSMAR 数据库。为避免极端值的影响,本文对所有连续变量进行上下 1% 的缩尾处理。表 1 和表 2 分别为样本行业[2]、年度分布情况。

表 1 样本行业分布

行业名称	样本数	样本占比(%)	行业占比(%)
农林牧渔业	9	0.48	4.57
采矿业	60	3.18	17.54
轻工业	144	7.62	11.29
重工业	488	25.83	9.25
电子、通讯器材及其他制造业	320	16.94	13.17
电热气水业	46	2.44	10.24
建筑业	55	2.91	14.71
批发和零售业	211	11.17	27.58
其他交通运输业	106	5.61	28.80

---

[2] 为了更好地报告表外租赁的行业效应,参考已有文献,在进行样本分布和描述性分析时,本文将行业进行了调整,将航空运输业(G56)从其他交通运输业(G53—G55 和 G57—G60)中分离,将制造业拆分为轻工业(C13—C24)、重工业(C25—C37)以及电子、通讯器材及其他制造业(C38—C42),将样本量较少的行业合并为综合行业(2012 年版证监会行业分类代码为 M、N、O、P、Q、S)。在回归分析中,仍采用证监会(2012 年版)行业分类控制行业固定效应。

(续表)

行业名称	样本数	样本占比(%)	行业占比(%)
航空运输业	28	1.48	54.90
住宿和餐饮业	14	0.74	26.92
信息技术业	133	7.04	15.22
房地产业	125	6.62	19.84
租赁和商务服务业	56	2.96	34.15
文化、体育和娱乐业	30	1.59	15.96
综合	64	3.39	14.95
合计	1 889	100.00	13.63

表 2 样本年度分布

年份	样本数	样本占比(%)	占年度上市公司数的比例(%)
2013	310	16.41	13.21
2014	338	17.89	13.47
2015	380	20.12	14.05
2016	438	23.19	14.72
2017	423	22.39	12.07
合计	1 889	100.00	13.63

从表 1 中可以看出，航空运输业(54.90%)、租赁和商务服务业(34.15%)、其他交通运输业(28.80%)、批发和零售业(27.58%)、住宿和餐饮业(26.92%)这五个行业中拥有表外租赁的公司占比最多，这与现有研究结果相符(Giner and Pardo，2017)。表 2 显示，表外租赁的样本数逐年增加，拥有表外租赁的公司样本平均占所有 A 股上市公司的 13.63%，这表明表外租赁是公司的一种重要融资方式，并且重要性逐渐增大。

3. 结果分析

图 1 展示了用两种方法计算的我国 2013—2017 年 A 股上市公司表外租赁负债的年度变化，其中深色部分为表外租赁按 ILW 模型计算的结果，浅色部分为按永续模型计算的结果。从图中可见，无论按哪种方法计算，表外租赁规模均逐年递增，两种方法计算的 2013—2017 年的年增长率分别为 75% 和 59%。此外，按永续模型计算的表外租赁规模几乎是按 ILW 模型计算的 2 倍，这主要是因为永续模型是在公司持续经营假设前提下考虑了租赁期满后续期的可能性。ILW 模型的应用最为广泛，同时避免高估表外租赁规模及异常租

赁规模,因此本文主要采用 ILW 模型测度表外租赁负债,并采用永续模型进行稳健性检验,以排除特定方法对结果的影响。

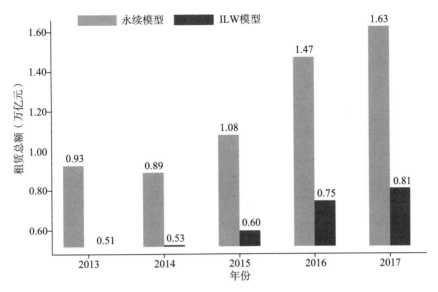

图 1　表外租赁总额的年度变化

(二) 表外租赁的财务报告动机

1. 表外租赁动机分析

图 1 的结果表明我国上市公司表外租赁规模经历了快速增长,国际上也存在类似的现象。Cornaggia et al.(2013)发现 1980—2007 年表外租赁负债占总负债的比例增加了 745%,而融资租赁占比却不断下降。税盾转移、替代融资、现金递延、资本保全、破产成本等效应很好地解释了公司在租赁资产和购买资产之间的决策,却不能完全揭示表外租赁不断增加的原因。本文认为,公司管理者选择表外租赁往往出于两种动机:一是公司真实的经济需求,二是表外租赁会计处理带来的财务报告优势(见图 2)。

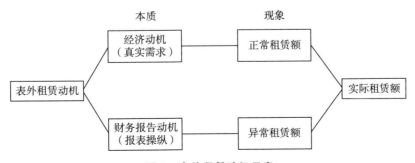

图 2　表外租赁动机示意

表外租赁的财务报告动机是由于原租赁准则(即 2006 年发布的租赁准则)对融资租赁和经营租赁的会计处理差异造成的。原租赁准则下经营租赁与融资租赁存在明确的界限划分,管理者可以灵活地在标准线附近将租赁合同故意设计为经营租赁,避免表内确认租赁资产和负债。而且,原租赁准则对于表外租赁的强制性披露要求并不多,仅限于未来 1—3 年及 3 年以后的最低租赁付款额,对合理估算表外租赁负债所必需的租赁年限、折现率、或有租金等一系列参数却没有披露要求,这使得报表使用者不容易恰当地估计表外负债。因此,与其他融资方式相比,表外租赁更具隐蔽性。信息不对称理论认为,隐瞒部分信息、夸大自身能力往往可以带来潜在机会主义收益(Shane and Cable,2002),如果交易对方没有对公司风险做出恰当的评估,公司或管理者就会从专有信息中获利,如满足债务信用评级(Lim et al.,2017;Mills and Newberry,2005)、获取银行信贷(Beatty et al.,2010)、实施管理者激励计划(EL-Gazzar et al.,1986)等特定的监管或契约要求。因此,管理者在同等条件下使用表外租赁,可以改善资产收益率、杠杆率等财务指标,掩饰财务风险,"优化"资产负债表。

2. 表外租赁财务报告动机的衡量

已有文献对租赁的经济动机进行了深入研究,发现边际税率、资产专用性、流动性需求、破产成本等诸多经济因素会影响租赁决策,这些经济因素可以预测的表外租赁部分为真实的租赁需求;而理论无法预测的部分为租赁会计表外处理的增量收益所导致的异常租赁(Cornaggia et al.,2015),异常租赁额是表外租赁财务报告动机的表征,反映公司从表外会计处理中获得的增量收益。本文用"异常租赁"作为表外租赁财务报告动机(RI)的代理变量,如果公司有动机将租赁转移至表外以"美化"财务报表,那么预期异常租赁额将会显著增加。

本文参考 Cornaggia et al.(2013,2015)和 Graham et al.(1998),控制表外租赁融资的经济决定因素,同时加入行业固定效应和年度固定效应,得到如下模型:

$$OBSleaseR_{i,t} = \alpha_1 Tax_{i,t} + \alpha_2 Ecost_{i,t} + \alpha_3 Zscore_{i,t} + \alpha_4 NegOE_{i,t} + \alpha_5 Mtb_{i,t} + \alpha_6 Coll_{i,t} + \alpha_7 Size_{i,t} + \alpha_8 SOE_{i,t} + \sum Industry + \sum Year + \varepsilon_{i,t} \quad (3)$$

模型(3)中残差 ε 为本文重点关注对象,根据上文分析可知其代表经济因素无法解释的租赁部分,也就是"异常租赁"。模型(3)的被解释变量为表外租赁规模(OBSleaseR),解释变量分别为边际税率(Tax)、破产预期成本(Ecost)、财务困境(Zscore)、所有者权益为负的哑变量(NegOE)、市账比(Mtb)、抵押品(Coll)和公司规模(Size),考虑到我国上市公司产权性质的特殊性,本文在该模型基础上加入产权性质哑变量(SOE)。变量具体含义及计算见表 3。

表 3　模型(3)变量

变量	变量名称	变量定义
OBSleaseR	表外租赁规模	OBSLeaseR＝表外租赁负债/总资产
Tax	边际税率	Tax＝所得税费用/息税前利润(EBIT)
Ecost	破产预期成本	$\text{Ecost}=\frac{\Delta\text{EBDIT}}{\text{TA}}\times\frac{\text{RD}+\text{Advertising Expenses}}{\text{TA}}$ 的标准差,其中,EBDIT 为息税折旧前利润,RD 为研发支出,Advertising Expenses 为广告费支出,TA 为总资产
Zscore	财务困境	Zscore＝0.012×营运资本/总资产＋0.014×留存收益/总资产＋0.033×息税前利润/总资产＋0.006×股票总市值/负债账面价值＋0.999×销售收入/总资产(姜付秀等,2009)
NegOE	所有者权益	所有者权益账面价值为负取值为1,否则取值为0
Mtb	市账比	Mtb＝(总资产－权益账面价值＋股价×发行在外股数＋表外租赁负债)/(总资产＋表外租赁负债)
Coll	抵押品	固定资产净额除以总资产
Size	公司规模	公司市场价值的自然对数
SOE	产权性质	国有企业取值为1,非国有企业取值为0
Industry	行业	行业虚拟变量
Year	年度	年度虚拟变量

3. 结果分析

表 4 报告了模型(3)主要变量的描述性统计结果。从表中可以看出,表外租赁规模(OBSleaseR)的均值为 0.04,即样本中公司表外租赁负债占总资产的比例平均为 4%,均值大于中位数,表明某些样本有较大的表外租赁规模,从最大值(72%)也可看出某些公司使用大量的表外租赁。其他变量均值与已有研究类似。

表 4　模型(3)变量的描述性统计

变量	样本数	均值	标准差	中位数	最小值	最大值
OBSleaseR	1 889	0.04	0.12	0.01	0	0.72
Tax	1 889	0.15	0.12	0.15	－0.39	0.60
Ecost	1 889	0	0	0	0	0.01
Zscore	1 889	0.74	0.49	0.63	0.08	2.66
NegOE	1 889	0	0.04	0	0	1.00
Mtb	1 889	2.48	1.87	1.84	0.80	10.91
Coll	1 889	0.21	0.17	0.17	0	0.72
Size	1 889	23.21	1.06	23.08	20.81	26.19
SOE	1 889	0.46	0.50	0	0	1.00

表 5 报告了模型(3)的回归结果。大部分变量回归结果与已有研究一致，边际税率(Tax)和财务困境(Zscore)与表外租赁显著正相关，市账比(Mtb)与表外租赁显著负相关，但抵押品(Coll)与表外租赁显著正相关。另外，国有企业的表外租赁显著低于非国有企业。

表 5 模型(3)回归结果

变量	OBSleaseR
Tax	0.033*
	(1.741)
Ecost	1.406
	(0.513)
Zscore	0.000***
	(5.820)
NegOE	−0.032
	(−0.568)
Mtb	−0.004**
	(−2.429)
Coll	0.105***
	(6.278)
Size	0.000
	(0.367)
SOE	−0.017***
	(−3.296)
Industry	控制
Year	控制
N	1 889
Adj.R^2	0.417
F	26.972

注：括号内为 t 值；* 表示 $p<0.1$，** 表示 $p<0.05$，*** 表示 $p<0.01$。

表外租赁的异常部分反映了财务报告动机，这些异常租赁无法从理论上由经济因素予以解释，反映在模型(3)中即为残差 ε。参考 Cornaggia et al. (2013)，本文取上述回归结果的残差项($ε_{i,t}$)度量异常租赁，以衡量表外租赁财务报告动机(RI)。异常租赁越大，表明经济因素无法解释部分的表外租赁越多，换言之，表外租赁财务报告动机越强。当承租人的表外租赁规模大于预期规模时,残差ε大于0,此时上市公司具有正向的异常租赁;反之,亦然。正向的异常租赁在一定程度上可归因于承租人利用表外租赁会计处理优势获取超额收益的机会主义行为;负向的异常租赁即实际租赁规模小于预期规模,不足部分可能是承租人出于帝国建设等动机进行的规模操纵(Zhang and Liu,2020)。

表6报告了样本中异常租赁(即表外租赁的财务报告动机)的描述性统计结果。全样本的最大值为0.44,最小值为−0.20,中位数为−0.01。为进一步分析不同表外租赁财务报告动机,本文又根据异常租赁的方向(正或负)将全样本分为两个子样本。其中,异常租赁为正子样本(RI_Positive)的均值为0.06,即样本公司超出经济需求的表外租赁平均占到总资产的6%,这在经济意义上是重大的。异常租赁为负子样本(RI_Negative)的数量也较多,均值为−0.04,租赁的不足表明规模操纵也是表外租赁财务报告动机的一种重要应用方向。

表6 表外租赁财务报告动机的描述性统计

变量	样本量	均值	标准差	中位数	最小值	最大值
RI	1 889	0	0.09	−0.01	−0.20	0.44
RI_Positive	774	0.06	0.10	0.02	0.00	0.44
RI_Negative	1 115	−0.04	0.05	−0.02	−0.20	−0.00

图3描述了2013—2017年样本公司的未折现表外租赁规模、折现后表外租赁规模以及异常租赁的年度变化。由图3可见,A股上市公司表外租赁产生的未来最低租赁付款额呈逐年上升趋势,截至2017年年底,表外租赁产生的未折现表外融资金额已达到1.21万亿元,相比2013年增长42%。按ILW模型折现后表外租赁负债(OBSleaseR)也呈逐年递增态势。此外,异常租赁整体呈波动上升趋势,尤其是2015—2016年增幅巨大,结合2015年我国一系列促进租赁市场发展的政策措施[3]可见,随着租赁市场的发展,上市公司也愈发意识到租赁表外处理的优势。但是,2016年IASB通过新的租赁准则,也可能在一定程度上抑制公司进行租赁方式操纵的动机,从而导致2017年异常租赁有所下降。

---

[3] 2015年国务院印发了《关于加快融资租赁业发展的指导意见》(国办发〔2015〕68号)和《促进金融租赁行业健康发展的指导意见》(国办发〔2015〕69号)。

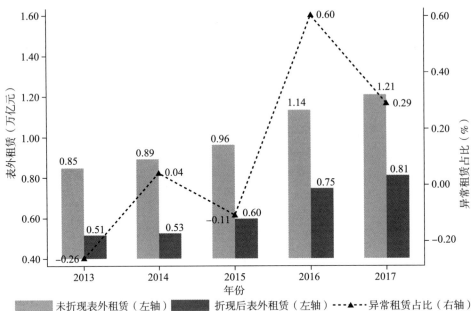

图 3 表外租赁、异常租赁的年度变化

图 4 报告了表外租赁规模和异常租赁的行业分布情况,两者都是经总资产账面价值标准化后的行业加权平均值。从中可见,批发和零售业、交通运输业(包括航空运输业和其他交通运输业)、住宿和餐饮业的表外租赁占比远高于其他行业,进一步证明表外租赁存在明显的行业效应。这些行业的公司倾向于租赁资产,并且所租赁资产对于其经营运行至关重要。但是,不同的行业租赁资产的动机存在显著的差异。从异常租赁的行业分布可以看出,航空运输业、批发和零售业的表外租赁规模都较高,分别为15.7%和15%;但是,二者的异常租赁规模却截然不同,航空运输业的异常租赁为7.21%,即表外租赁规模(OB-SleaseR)超出实际经济需求,超出部分占总资产的7.21%;而批发和零售业的异常租赁为−5.41%,表明实际租赁还没有达到经济需求的水平,即"租赁不足"。这与Caskey and Ozel(2019)研究结果一致。对于航空运输业而言,国内外的租赁市场都相对完善,航空公司对飞机、发动机等高价值资产有较高的租赁需求,在这种情况下,"顺其自然"地进行大规模的经营租赁也不会显得异常,通过构造租赁交易实现租赁负债的表外会计处理,既可以降低杠杆率,也可以提高收益率,经营租赁由此成为一种有力的粉饰工具。而对于批发和零售业而言,因为产能和财务状况更稳定,对租赁的正常经济需求相对固定,造成其财务报告动机的可识别性更高,由此表现出"租赁不足"。

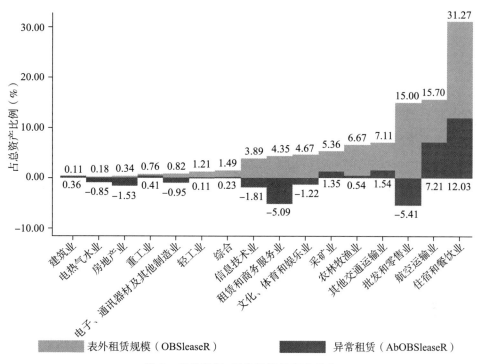

图 4 表外租赁、异常租赁的行业分布

综上所述,我国上市公司表外租赁规模巨大并逐年递增,增幅远超过表内租赁,其中无法由经济因素解释的异常租赁规模呈波动上升趋势且存在明显的行业异质性。比较航空运输业、批发零售业两个传统高租赁行业可知,高价值资产、租赁市场完善的行业更容易构造交易实现超额表外租赁,以获取会计表外处理的增量收益。因此,本文认为,表外租赁存在财务报告动机,其外在表现就是异常租赁额。

四、融资约束的异质性影响

(一)融资约束与表外租赁财务报告动机

财务报告操纵行为增大了公司与市场参与者之间的信息不对称程度,随着信息不对称程度的提高,企业的融资难度会加大(姜付秀等,2009;Shane and Cable,2002)。当存在真实财务需求时,公司会做出两种反应:一是会更激进地进行财务报告操纵以应对各方的监管;二是更真实地报告公司的财务状况以缓解信息不对称带来的逆向选择问题。

现有大部分研究表明,融资约束越高公司的租赁越多(Mills and Newberry,

2005)。尽管如此,但公司往往同时具有财务需求动机和财务报告动机,不同财务需求的公司对财务报告"优化"收益的偏好会存在较大的差异。低融资约束公司的财务状况往往较好,对于通过租赁方式操纵来实现财务报告目的的偏好较小,因为操纵成本大于收益。而高融资约束公司的财务状况往往不佳,相关财务指标不能满足传统融资方式或监管机构的要求,它们比低融资约束公司面临更大的不确定性,更难筹集资金。因此,高融资约束公司存在"隐瞒信息的道德风险"(张维迎,2004),它们会寻求更"优"的资产负债表结构,向投资者和债权人隐藏公司财务风险以缓解外在的监管压力。尽管这种操纵存在成本,但是随着融资需求的增大,企业愿意为之付出更高的成本,从而会加剧企业的财务操纵行为(卢太平和张东旭,2014)。因此,高融资约束公司具有更强的财务报告动机来隐藏债务,以改善财务指标,提高融资能力。综上所述,本文提出以下假设:

假设 1 相对于融资约束较低的公司,融资约束较高的公司的表外租赁财务报告动机更强。

在竞争性资本市场上,为了获取稀缺的风险资本,企业进行自愿性信息披露是必要的。业绩好的企业会积极地报告其财务状况和经营成果;业绩不佳的企业在竞争压力下,即便是坏消息也会如实报告,以维持其在资本市场上的可信度。有学者认为,契约权利的分配、资本分期和风险转移等会使得企业自愿选择各种方式来降低信息不对称带来的融资困难(Shane and Cable,2002)。根据信息经济学的研究,向市场传递企业真实质量的信号,可以降低信息不对称,从而缓解融资约束(李莉等,2015)。因此,当融资约束较大时,企业会倾向于更真实、更详细地披露表外融资交易(Zechman,2010),使得财务报告更贴近公司的真实财务状况,消除投资者和债权人的误解。因此,高融资约束公司利用表外租赁隐藏债务、管理财务报告的动机更弱。综上所述,本文提出备择假设:

假设 2 相对于融资约束较低的公司,融资约束较高的公司的表外租赁财务报告动机更弱。

(二)研究设计

1. 模型设定

本文构建模型(4)来检验假设。

$$RI_{i,t} = \beta_0 + \beta_1 SA_{i,t} + Controls + \sum Industry + \sum Year + \varepsilon_{i,t} \quad (4)$$

其中,RI 为表外租赁财务报告动机,SA 为融资约束,Controls 为影响表外租赁财务报告动机的控制变量,并加入行业固定效应(Industry)和年度固定效应(Year)。若假设 1 成立,则预期 β_1 为正;若假设 2 成立,则预期 β_1 为负。

为进一步区分不同的表外租赁财务报告动机,本文将全样本划分为负异常租赁(RI_Negative)和正异常租赁(RI_Positive)作为被解释变量,得到模型(5)和模型(6):

$$\mathrm{RI\_Negative}_{i,t} = \gamma_0 + \gamma_1 \mathrm{SA}_{i,t} + \mathrm{Controls} + \sum \mathrm{Industry} + \sum \mathrm{Year} + \varepsilon_{i,t} \tag{5}$$

$$\mathrm{RI\_Positive}_{i,t} = \delta_0 + \delta_1 \mathrm{SA}_{i,t} + \mathrm{Controls} + \sum \mathrm{Industry} + \sum \mathrm{Year} + \varepsilon_{i,t} \tag{6}$$

2. 变量测度

(1) 融资约束(SA)。融资约束的衡量方法较多,包括构建模型计算系数(如投资-现金流敏感系数)、使用公司特征指标(如规模、股利支付率)、构建指数(如 KZ 指数、WW 指数、SA 指数)、基于企业信贷融资状况(如银行授信)等。无论是构建模型还是构建指数的方法,都存在内生性问题,容易产生测度偏误。由于本文样本公司存在较多的表外资产和负债,而 SA 指数仅选取公司规模和公司年龄两个较为外生的变量计算,结果相对较为稳健。因此,本文主要选取 SA 指数作为融资约束的度量,并用银行授信作为融资约束的替代变量进行稳健性检验。参考 Hadlock and Pierce(2010),本文中 SA 指数 $= -0.737 \times \mathrm{Size} + 0.043 \times \mathrm{Size}^2 - 0.04 \times \mathrm{Age}$,其中 Size 为总资产账面价值(单位:百万元)的自然对数,Age 为公司成立至样本年度的年数。SA 指数值越大,融资约束越强。由于 SA 指数计算后为负值,因此其绝对值越大,融资约束越弱。

(2) 控制变量。根据已有文献分析,影响公司表外租赁财务报告动机的因素主要可以分为四大类:公司财务状况、租赁特征、公司内部治理环境、公司外部治理环境。据此,我们针对这四个部分选取相应的控制变量。公司财务状况的控制变量主要包括杠杆率(Lev)、亏损(Loss)、债务资本成本(CostD)、公司规模(Size);租赁特征的控制变量主要包括租赁期限(TP)、租赁资产专用性(AssetsSpec);公司内部治理环境的控制变量主要包括机构投资者持股比例(Inst)、股权集中度(Shrcr)、高管薪酬(Salary)、董事会规模(BoardSize)、产权性质(SOE);公司外部治理环境的控制变量主要包括审计质量(Big4)、分析师跟踪(AnalysisAtt)。由于租赁预测模型已经考虑主要的经济因素,因此本文未将这些经济因素作为控制变量。各变量定义如表 7 所示。

表7 主回归模型变量定义

变量符号	变量名称	变量定义
被解释变量		
RI	表外租赁财务报告动机	异常租赁,GLS租赁模型所得残差
RI_Negative	负向表外租赁财务报告动机	以小于0的异常租赁衡量
RI_Positive	正向表外租赁财务报告动机	以大于0的异常租赁衡量
解释变量		
SA	融资约束	$SA=-0.737\times Size+0.043\times Size^2-0.04\times Age$ 其中,$Size=\ln(TA/1000000)$,TA为总资产账面价值,Age为公司成立至样本年度的年数
控制变量		
Lev	杠杆率	总负债除以总资产
Loss	亏损	净利润为负时取值为1,否则取值为0
CostD	债务资本成本	利息支出除以总负债
Size	公司规模	公司市场价值的自然对数
TP	租赁期限	租赁合同的期限
AssetsSpec	租赁资产专用性	研发支出除以营业收入
Inst	机构投资者持股比例	机构投资者持股数/总股数
Shrcr	股权集中度	前三大股东持股数/总股数
Salary	高管薪酬	董事和高管薪酬之和的自然对数
BoardSize	董事会规模	董事会人数的自然对数
SOE	产权性质	国有企业取值为1,非国有企业取值为0
Big4	审计质量	是否为四大会计师事务所,是取值为1,否则取值为0
AnalysisAtt	分析师跟踪	分析师跟踪数量的自然对数
Industry	行业	行业固定效应
Year	年度	年度固定效应

已有研究表明杠杆率高的公司会通过表外负债隐藏过高的真实杠杆(Scott et al.,2011),由此我们预期杠杆率与表外租赁财务报告动机正相关;同理,亏损企业的表外租赁财务报告动机预期也更高。此外,当租赁期较长时,租赁更类似于一项融资租赁,更可能是管理者人为构造交易而产生的表外租赁,由此我们预期租赁期限与表外租赁财务报告动机正相关。资产专用性越低公司较容易找到替代资产,更容易通过谈判构造租赁交易,而资产专用性较高公

司寻找替代资产较为困难,谈判能力较弱,构造租赁交易的难度增大,由此我们预期资产专用性与表外租赁财务报告动机负相关。管理者薪酬计划可以激发租赁的动机(Smith and Wakeman,1985),Imhoff et al.(1997)研究表明薪酬委员会在设置考核机制时未考虑表外租赁,从而导致管理者有动机为美化公司财务状况和经营成果而粉饰财务报表,由此我们预期高管薪酬与表外租赁财务报告动机正相关。此外,我们预期内部治理环境越差(机构持股比例较低、股权集中度较高、董事会规模较小)公司的表外租赁财务报告动机越强,外部治理环境越好(四大会计师事务所审计、分析师跟踪越多)公司的表外租赁财务报告动机越弱。

(三)描述性统计和相关性分析

表8报告了样本的表外租赁财务报告动机(RI)、融资约束(SA指数)以及其他控制变量的描述性统计结果。SA指数的均值为-3.72,表明样本公司存在一定的融资约束;SA指数的均值和中位数相差不大,说明样本公司融资约束不存在极大或极小的情况。其他控制变量的均值均与现有文献类似。表9报告了各变量之间的Pearson相关系数,从中可以看出主要变量之间都显著的相关。其中,表外租赁财务报告动机与融资约束正相关,与亏损、债务资本成本、租赁期限、机构投资者持股比例、股权集中度、是否四大会计师事务所审计、分析师跟踪之间也具有显著的相关性。此外,主要变量之间的相关系数均小于0.6,表明不存在严重的共线性。

表8 变量的描述性统计

变量	样本量	均值	标准差	中位数	最小值	最大值
RI	1 889	0.00	0.09	-0.01	-0.20	0.44
RI_Positive	774	0.06	0.10	0.02	0.00	0.44
RI_Negative	1 115	-0.04	0.05	-0.02	-0.20	-0.00
SA	1 889	-3.72	0.31	-3.74	-4.40	-2.46
Lev	1 889	0.49	0.20	0.49	0.08	0.90
Loss	1 889	0.06	0.24	0.00	0.00	1.00
CostD	1 889	0.02	0.01	0.02	0.00	0.06
Size	1 889	23.21	1.06	23.08	20.81	26.19
TP	1 889	6.46	7.14	4.00	1.00	174.00

(续表)

变量	样本量	均值	标准差	中位数	最小值	最大值
AssetsSpec	1 889	0.02	0.03	0.00	0.00	0.13
Inst	1 889	48.36	24.65	51.28	0.11	92.94
Shrcr	1 889	54.36	16.92	54.91	17.17	93.05
Salary	1 889	15.61	0.77	15.56	13.98	17.77
BoardSize	1 889	2.16	0.22	2.20	1.61	2.71
SOE	1 889	0.46	0.50	0.00	0.00	1.00
Big4	1 889	0.28	0.45	0.00	0.00	1.00
AnalysisAtt	1 889	1.71	1.18	1.79	0.00	3.74

（四）结果分析

1. 主检验的回归结果

表10报告了主检验结果。第（1）列报告了全样本的回归结果，结果显示SA指数的系数为0.024且在1%的统计水平上显著，表明融资约束越高公司的表外租赁财务报告动机越强。这一实证结果支持了假设1。控制变量中，亏损（Loss）的系数显著为正，表明面临亏损公司的表外租赁财务报告动机更强，与预期相符。债务资本成本（CostD）的系数为负且在1%的统计水平上显著，表明债务成本越高，表外租赁财务报告动机越弱。已有文献表明，相比于传统债务，租赁交易使得资产所有权与使用权相分离，从而产生委托代理成本，这部分委托代理成本会成为租金溢价转移至承租人，从而提高承租人公司的租赁资本使用成本（Eisfeldt and Rampini，2009）。本文的发现佐证了这一推论，当债务成本处于高位时，承租人公司会权衡租赁的成本和收益，从而降低经营租赁使用率。另外，租赁期限（TP）的系数显著为正、资产专用性（AssetsSpec）的系数显著为负，表明租赁期限越长、资产专用性越低的租赁交易越可能存在表外租赁财务报告动机。相关回归结果还表明，公司规模（Size）越小、股权集中度（Shrcr）越高、董事会规模（BoardSize）越小的公司，其表外租赁财务报告动机越强；与非四大会计师事务所审计公司相比，四大会计师事务所审计公司的表外租赁财务报告动机更强。这些结果表明公司的内部治理环境和外部治理环境均能在一定程度上抑制表外租赁财务报告动机。

表 9 Pearson 相关系数

	RI	SA	Lev	Loss	CostD	Size	TP	AssetsSpec	Inst	Shrcr	Salary	BoardSize	SOE	Big4	AnalysisAtt
RI	1.00														
SA	0.05***	1.00													
Lev	0.00	0.10***	1.00												
Loss	0.08***	−0.01	0.15***	1.00											
CostD	−0.11***	−0.01	0.23***	0.13***	1.00										
Size	−0.02	0.39***	0.20***	−0.12***	−0.05**	1.00									
TP	0.14***	0.01	0.04	0.01	0.14***	−0.02	1.00								
AssetsSpec	−0.01	0.04	−0.27***	0.03	−0.19***	−0.11***	−0.13***	1.00							
Inst	0.04*	0.11***	0.19***	−0.06**	0.02	0.39***	0.08***	−0.22***	1.00						
Shrcr	0.07***	0.33***	−0.03	−0.05**	−0.04*	0.30***	0.00	−0.10***	0.48***	1.00					
Salary	0.00	0.11***	0.26***	−0.12***	−0.08***	0.54***	0.00	−0.09***	0.22***	0.09***	1.00				
BoardSize	−0.03	0.00	0.18***	−0.03	0.07***	0.18***	0.07***	−0.14***	0.21***	0.06**	0.32***	1.00			
SOE	−0.01	0.01	0.21***	−0.01	0.08***	0.22***	0.11***	−0.24***	0.44***	0.20***	0.13***	0.25***	1.00		
Big4	−0.09***	0.26***	0.17***	−0.05**	0.08***	0.45***	0.01	−0.12***	0.30***	0.23***	0.35***	0.14***	0.24***	1.00	
AnalysisAtt	0.06***	0.22***	0.00	−0.21***	−0.20***	0.51***	0.03	−0.01	0.23***	0.12***	0.38***	0.08***	0.01	0.19***	1.00

注:* 表示 $p<0.1$,** 表示 $p<0.05$,*** 表示 $p<0.01$。

第(2)列和第(3)列分别报告了负异常租赁子样本、正异常租赁子样本的回归结果。结果显示,在正异常租赁子样本中,SA指数的系数显著为正,表明高融资约束公司的表外租赁财务报告动机更强;而在负异常租赁子样本中,融资约束与表外租赁财务报告动机负相关,并在5%的统计水平上显著。造成这种差别的原因在于:表外租赁财务报告动机主要表现为正向的异常租赁;负向的异常租赁表示租赁不足,不足部分可能是承租人出于帝国建设等动机进行的规模操纵,其租赁方式操纵方向与正向异常租赁相反。比较两组样本的控制变量系数发现,公司财务状况(亏损Loss、债务资本成本CostD、公司规模Size)在负异常租赁子样本中更为显著,表明公司财务状况对租赁不足的影响更大。而公司内部治理环境(股权集中度Shrcr、高管薪酬Salary、产权性质SOE)在正异常租赁子样本中更为显著,表明公司内部治理环境对抑制正向异常租赁的作用更强。

表10 主检验的回归结果

变量	(1) RI	(2) RI_Negative	(3) RI_Positive
SA	0.024***	−0.007**	0.030***
	(2.819)	(−2.347)	(2.767)
Lev	0.016	−0.003	0.015
	(1.137)	(−0.444)	(0.756)
Loss	0.038***	0.007**	0.023*
	(3.707)	(2.050)	(1.783)
CostD	−0.880***	−0.211***	−0.390*
	(−5.238)	(−3.786)	(−1.884)
Size	−0.010***	0.003**	−0.008*
	(−3.030)	(2.375)	(−1.701)
TP	0.002***	0.000	0.001
	(2.903)	(1.286)	(1.349)
AssetsSpec	−0.149***	−0.017	−0.228***
	(−2.952)	(−0.781)	(−2.606)
Inst	0.000	−0.000**	0.000*
	(1.208)	(−2.122)	(1.653)
Shrcr	0.000**	−0.000	0.000*
	(2.218)	(−1.243)	(1.797)
Salary	0.005	−0.003**	0.015***
	(1.204)	(−2.228)	(3.119)

(续表)

变量	(1) RI	(2) RI_Negative	(3) RI_Positive
BoardSize	−0.022*	0.001	0.009
	(−1.777)	(0.177)	(0.657)
SOE	−0.000	−0.001	−0.029***
	(−0.030)	(−0.630)	(−3.604)
Big4	−0.026***	−0.006***	−0.024***
	(−4.671)	(−3.462)	(−3.195)
AnalysisAtt	0.008***	0.002**	−0.001
	(3.576)	(2.052)	(−0.227)
常数项	0.255***	−0.072**	0.122
	(2.804)	(−2.261)	(0.973)
Industry	控制	控制	控制
Year	控制	控制	控制
N	1 889	1 115	774
Adj.R^2	0.054	0.767	0.560
F	2.058	41.276	55.373

注：括号内为 t 值；*表示 $p<0.1$，**表示 $p<0.05$，***表示 $p<0.01$；标准误经异方差调整。

2. 稳健性检验

本文实证检验中最重要的是表外租赁负债和融资约束的衡量，为了排除研究结论受特定计算模型或假设的影响，我们调整表外租赁资本化模型以及模型中的假设以进行稳健性检验。

首先，前文在计算表外租赁负债时采用 ILW 模型，此处用永续模型（Lim et al.，2003，2017）估计表外租赁负债。回归结果不变，如表 11 所示。

其次，在 ILW 模型中，前文假设折现率为 6%，此处将折现率 6% 上下浮动 2%（即 4% 和 8%）后重新计算 OBSleaseR，并重新进行主检验的回归分析。回归结果不变，如表 12 所示。

最后，本文用银行授信作为融资约束的代理变量进行稳健性检验。以财务报表为基础的融资约束衡量标准无法避免财务信息失真带来的弊端（吴秋生和黄贤环，2017），本文样本公司均存在较多的表外资产和表外负债，而我国金融体系以银行为主导，银行贷款是企业最主要的外部资金来源，银行贷款在资金供给中的占比超过 85%（李莉等，2015）。也就是说，企业对银行贷款具有高度依赖性，银行对企业的融资约束有重大影响，银行授信能够更真实地反映企业受融资约束的情况。因此，本文参考张璇等（2017）的研究，将银行授信作为融资约束的代理变量。具体来说,若有银行授信,则令 Credit 为 1,表示融资约束较弱;否则令 Credit 为 0,表示融资约束较强。回归结果不变,如表 13 所示。

表 11 稳健性检验 1:用永续模型计算表外租赁负债

变量	(1) RI	(2) RI_Negative	(3) RI_Positive
SA	0.041**	−0.012*	0.083***
	(2.404)	(−1.829)	(3.809)
Lev	−0.007	−0.035***	−0.014
	(−0.226)	(−2.852)	(−0.355)
Loss	0.100***	−0.008	0.062***
	(4.837)	(−0.889)	(3.192)
CostD	−2.101***	−0.046	−0.895**
	(−6.039)	(−0.291)	(−2.304)
Size	−0.019**	−0.002	−0.006
	(−2.422)	(−0.835)	(−0.591)
TP	0.002**	0.000	−0.000
	(2.400)	(0.805)	(−0.129)
AssetsSpec	−0.483***	0.085	−0.644***
	(−4.377)	(1.614)	(−3.610)
Inst	−0.000	−0.000	−0.000
	(−0.427)	(−1.209)	(−0.156)
Shrcr	0.001***	−0.000***	0.000
	(3.477)	(−3.198)	(1.066)
Salary	0.005	−0.001	0.015
	(0.553)	(−0.369)	(1.482)
BoardSize	−0.038	−0.015*	0.009
	(−1.527)	(−1.699)	(0.288)
SOE	0.008	0.038***	−0.014
	(0.679)	(8.012)	(−0.995)
Big4	−0.036***	−0.010**	−0.044***
	(−3.021)	(−2.383)	(−3.277)
AnalysisAtt	0.018***	0.005**	0.003
	(3.641)	(2.290)	(0.528)
常数项	0.558***	−0.026	0.399
	(2.726)	(−0.384)	(1.381)
Industry	控制	控制	控制

（续表）

变量	(1) RI	(2) RI_Negative	(3) RI_Positive
Year	控制	控制	控制
N	1 889	1 067	822
Adj.R^2	0.041	0.787	0.520
F	2.031	45.928	21.647

注：括号内为 t 值；* 表示 $p<0.1$，** 表示 $p<0.05$，*** 表示 $p<0.01$；标准误差经异方差调整。

表 12 稳健性检验 2：调整折现率

变量	$i=4\%$			$i=8\%$		
	(1) RI	(2) RI_Negative	(3) RI_Positive	(1) RI	(2) RI_Negative	(3) RI_Positive
SA	0.027***	−0.008**	0.035***	0.022***	−0.006**	0.029***
	(2.841)	(−2.241)	(2.881)	(2.825)	(−2.280)	(2.828)
Lev	0.016	−0.004	0.018	0.015	−0.002	0.017
	(1.083)	(−0.573)	(0.814)	(1.184)	(−0.359)	(0.856)
Loss	0.043***	0.008*	0.025*	0.036***	0.006*	0.023*
	(3.672)	(1.915)	(1.725)	(3.721)	(1.770)	(1.877)
CostD	−0.969***	−0.222***	−0.407*	−0.812***	−0.156***	−0.398**
	(−5.157)	(−3.610)	(−1.754)	(−5.274)	(−3.233)	(−2.010)
Size	−0.012***	0.003**	−0.010*	−0.009***	0.002*	−0.010**
	(−3.090)	(2.204)	(−1.878)	(−2.981)	(1.787)	(−2.260)
TP	0.002***	0.000	0.001	0.002***	0.000	0.001
	(2.923)	(1.530)	(1.419)	(2.885)	(1.357)	(1.285)
AssetsSpec	−0.158***	−0.015	−0.243**	−0.144***	−0.010	−0.214**
	(−2.829)	(−0.621)	(−2.558)	(−3.059)	(−0.500)	(−2.482)
Inst	0.000	−0.000**	0.000*	0.000	−0.000	0.000**
	(1.280)	(−2.106)	(1.714)	(1.143)	(−1.600)	(2.022)
Shrcr	0.000**	−0.000	0.001*	0.000**	−0.000	0.000**
	(2.187)	(−1.241)	(1.850)	(2.278)	(−1.236)	(1.978)
Salary	0.005	−0.003**	0.019***	0.004	−0.002*	0.015***
	(1.231)	(−2.153)	(3.292)	(1.220)	(−1.756)	(3.347)
BoardSize	−0.023*	0.001	0.013	−0.021*	−0.002	0.002
	(−1.691)	(0.117)	(0.784)	(−1.861)	(−0.540)	(0.116)

（续表）

变量	$i=4\%$			$i=8\%$		
	(1)	(2)	(3)	(1)	(2)	(3)
	RI	RI_Negative	RI_Positive	RI	RI_Negative	RI_Positive
SOE	−0.000	−0.001	−0.033***	−0.000	−0.000	−0.025***
	(−0.066)	(−0.533)	(−3.570)	(−0.023)	(−0.066)	(−3.264)
Big4	−0.029***	−0.007***	−0.027***	−0.024***	−0.005***	−0.023***
	(−4.692)	(−3.619)	(−3.152)	(−4.661)	(−3.357)	(−3.304)
AnalysisAtt	0.009***	0.002**	−0.001	0.008***	0.001	−0.001
	(3.555)	(2.069)	(−0.245)	(3.604)	(1.448)	(−0.412)
常数项	0.285***	−0.075**	0.133	0.233***	−0.048*	0.179
	(2.803)	(−2.179)	(0.947)	(2.795)	(−1.726)	(1.481)
Industry	控制	控制	控制	控制	控制	控制
Year	控制	控制	控制	控制	控制	控制
N	1 889	1 115	774	1 889	1 114	775
Adj.R^2	0.056	0.779	0.556	0.053	0.795	0.531
F	2.041	42.411	159.677	2.043	45.405	29.038

注：括号内为t值；*表示$p<0.1$，**表示$p<0.05$，***表示$p<0.01$；标准误经异方差调整。

表 13　稳健性检验 3：银行授信作为融资约束代理变量

变量	(1)	(2)	(3)
	RI	RI_Negative	RI_Positive
Credit	−0.017***	0.000	−0.014**
	(−3.336)	(0.178)	(−2.294)
Lev	0.026*	−0.004	0.016
	(1.899)	(−0.672)	(0.777)
Loss	0.036***	0.008**	0.023*
	(3.429)	(2.107)	(1.653)
CostD	−0.772***	−0.214***	−0.272
	(−4.639)	(−3.826)	(−1.346)
Size	−0.006*	0.002*	−0.003
	(−1.823)	(1.728)	(−0.708)
TP	0.002***	0.000	0.001
	(2.923)	(1.136)	(1.367)
AssetsSpec	−0.145***	−0.023	−0.236***
	(−2.958)	(−1.018)	(−2.721)

(续表)

变量	(1) RI	(2) RI_Negative	(3) RI_Positive
Inst	0.000	−0.000*	0.000
	(1.092)	(−1.940)	(1.371)
Shrcr	0.000***	−0.000*	0.001***
	(2.757)	(−1.808)	(2.855)
Salary	0.005	−0.003**	0.015***
	(1.235)	(−2.038)	(3.023)
BoardSize	−0.021*	0.000	0.007
	(−1.753)	(0.006)	(0.456)
SOE	−0.002	−0.001	−0.029***
	(−0.334)	(−0.283)	(−3.555)
Big4	−0.023***	−0.007***	−0.020***
	(−4.179)	(−3.676)	(−2.734)
AnalysisAtt	0.008***	0.002**	−0.001
	(3.507)	(2.021)	(−0.233)
常数项	0.060	−0.029	−0.098
	(0.726)	(−0.910)	(−0.910)
Industry	控制	控制	控制
Year	控制	控制	控制
N	1 889	1 115	774
Adj.R^2	0.056	0.766	0.559
F	2.204	41.269	71.695

注：括号内为 t 值；*表示 $p<0.1$，**表示 $p<0.05$，***表示 $p<0.01$；标准误经异方差调整。

（五）进一步分析

1. 租赁操纵成本的调节作用

在主检验回归中，本文采用异常租赁衡量表外租赁财务报告动机，即在经济因素以外租赁表外会计处理带来的增量收益。但是，承租人重构租赁合同往往要付出高昂的代价(Imhoff and Thomas, 1988)，成本收益理论认为，交易行为人是在收益与成本的权衡下做出决策，只有行为所产生的收益能覆盖相应的成本，动机才会成为现实行为。由此可以预期，租赁方式操纵成本越低，表外租赁财务报告动机越容易实现，即表外租赁财务报告动机与融资约束之间的正相关关系更强。

契约成本理论认为,只有存在契约签订成本和监督成本,会计方法的选择才会产生经济后果(Holthausen and Leftwich,1983),据此本文以这两类成本衡量租赁方式操纵成本。具体来说,租赁方式操纵成本主要包括租赁合同的谈判成本(契约签订成本)和操纵被侦测的成本(契约监督成本)。本文据此进行分组检验,分析操纵成本对表外租赁财务报告动机作用的影响。

(1)契约签订成本视角。租赁合同谈判成本主要由两个因素决定:一是将租赁置于表外需要调整的合同幅度(契约的设计),合同调整幅度越小,谈判成本越低;二是承租人的议价能力(契约的谈判),议价能力越强,谈判成本越低。

本文用总租赁期长短衡量合同调整幅度。根据原租赁准则的规定,对于长期、高价值资产的租赁,如果要保留在资产负债表外就需要刻意的合同安排。最典型也是最常见的安排方式是将长期租赁的资产拆分为若干短期租赁资产(Henderson and O'Brien,2017),用不断续期的方式规避确认为融资租赁。[4] 然而,对于出租人来说,资产拆分后的租赁期越短,续租次数越多,续租成本越高。因此,最终签订的合同租赁期越短,承租人的谈判成本越高。本文将总租赁期大于等于5年的表外租赁划为租赁期较长组(LT=1),小于5年的划为租赁期较短组(LT=0)。分组回归结果(见表14(A)栏)显示,SA指数在短期组、长期组中的系数分别为0.004(不显著)和0.053(在1%统计水平上显著),长期组中表外租赁财务报告动机的系数显著大于短期组(经Bootstrap法计算出的经验p值在1%的统计水平上显著),即长期组中高融资约束公司的表外租赁财务报告动机更强。换言之,租赁谈判成本越低,受融资约束公司的表外租赁财务报告动机越强。

表14 租赁方式操纵成本的影响(全样本)

变量	RI(契约签订成本视角)				RI(契约监督成本视角)			
	(A)租赁期限		(B)资产专用性		(C)是否信用评级		(D)银行监督	
	LT=0	LT=1	AS=0	AS=1	Rate=0	Rate=1	Bank=0	Bank=1
SA	0.004	0.053***	0.045***	0.003	0.031**	−0.017	0.012	0.039**
	(0.677)	(2.908)	(3.304)	(1.021)	(2.356)	(−0.960)	(1.227)	(2.144)
Lev	−0.006	0.022	0.023	−0.017***	0.005	0.028	0.017	0.032
	(−0.603)	(0.816)	(1.188)	(−2.745)	(0.281)	(1.227)	(1.067)	(1.074)
Loss	0.021*	0.048***	0.047***	0.005	0.046***	0.027	0.040***	0.031
	(1.928)	(2.860)	(3.307)	(1.224)	(3.681)	(1.568)	(3.262)	(1.581)

---

[4] 例如,乐通股份(002319)、先锋新材(300163)、横河模具(300539)等均在2018年年报中提及"期满有续订权"或"永续"等合同事项。

（续表）

变量	RI(契约签订成本视角)				RI(契约监督成本视角)			
	(A)租赁期限		(B)资产专用性		(C)是否信用评级		(D)银行监督	
	LT=0	LT=1	AS=0	AS=1	Rate=0	Rate=1	Bank=0	Bank=1
CostD	−0.369***	−0.848***	−1.240***	−0.028	−1.164***	−0.083	−0.580***	−1.779***
	(−3.655)	(−2.983)	(−5.227)	(−0.369)	(−5.184)	(−0.309)	(−2.998)	(−4.729)
Size	0.000	−0.022***	−0.017***	0.001	−0.014***	0.000	−0.011***	−0.003
	(0.144)	(−3.301)	(−3.614)	(0.702)	(−2.887)	(0.001)	(−2.637)	(−0.401)
TP	0.006***	0.001*	0.002**	0.001***	0.002**	0.002***	0.003***	0.001
	(4.654)	(1.744)	(2.536)	(2.892)	(2.232)	(3.184)	(5.568)	(1.448)
AssetsSpec	−0.047	−0.299**	−2.187***	0.021	−0.235***	0.143	−0.149**	−0.145
	(−1.078)	(−2.361)	(−3.739)	(0.479)	(−3.985)	(0.776)	(−2.524)	(−1.174)
Inst	−0.000*	0.001*	0.000	−0.000	0.000*	−0.000**	0.000	0.000
	(−1.849)	(1.866)	(1.145)	(−0.587)	(1.856)	(−2.025)	(1.081)	(0.464)
Shrcr	0.000*	0.001	0.000*	−0.000	0.000	0.001***	0.000	0.001*
	(1.896)	(1.426)	(1.846)	(−1.225)	(0.991)	(3.061)	(0.826)	(1.858)
Salary	−0.007***	0.034***	0.008	−0.008***	0.007	−0.002	0.008	−0.003
	(−2.882)	(4.408)	(1.477)	(−4.347)	(1.325)	(−0.421)	(1.612)	(−0.361)
BoardSize	0.004	−0.083***	−0.030*	−0.010*	−0.027	0.005	−0.030*	−0.009
	(0.759)	(−3.747)	(−1.771)	(−1.921)	(−1.450)	(0.380)	(−1.935)	(−0.477)
SOE	0.001	−0.008	−0.001	0.015***	−0.005	0.021**	0.006	−0.018
	(0.286)	(−0.689)	(−0.159)	(5.694)	(−0.627)	(2.442)	(0.756)	(−1.613)
Big4	−0.003	−0.052***	−0.037***	−0.000	−0.033***	−0.019**	−0.025***	−0.033***
	(−0.952)	(−4.595)	(−4.975)	(−0.186)	(−3.809)	(−2.425)	(−3.468)	(−3.443)
AnalysisAtt	0.003***	0.004	0.010***	0.001	0.007**	0.018***	0.011***	0.001
	(2.714)	(0.823)	(3.008)	(1.558)	(2.407)	(4.403)	(3.805)	(0.202)
常数项	0.045	0.325*	0.504***	0.078**	0.344***	−0.195	0.167	0.349**
	(0.923)	(1.887)	(3.550)	(2.026)	(2.592)	(−1.224)	(1.463)	(2.055)
Industry	控制	控制	控制	控制	控制	控制	控制	控制
Year	控制	控制	控制	控制	控制	控制	控制	控制
N	1 020	869	1 288	601	1 291	598	1 221	668
Adj.R^2	0.533	0.107	0.074	0.251	0.061	0.103	0.042	0.073
F	22.048	2.249	2.480	29.10	2.200	4.298	2.437	4.02
Empirical p-value	0.004***		0.006***		0.002***		0.088*	

注：括号内为 t 值；*表示 $p<0.1$，**表示 $p<0.05$，***表示 $p<0.01$；标准误经异方差调整；Empirical p-value 用于检验组间 RI 系数的显著性，通过自体抽样（Bootstrap）500 次得到。

为实现租赁的会计目的,需要承租人与出租人之间对租赁期、租金、利率等租赁合同条款进行协商谈判。重新谈判在一定程度上受到合同议价能力分配的控制(Roberts and Sufi,2009)。承租人的相对议价能力越强,越容易获得期望的条款设置,从而将财务报告目的变为现实。影响承租人议价能力的因素有很多,如公司规模、承租人或出租人市场竞争程度、租赁资产专用性(Smith and Wakeman,1985)等。本文用租赁资产专用性作为承租人议价能力的代理变量进行分组,预期资产专用性越高公司的谈判能力越弱,表外租赁财务报告动机越低;而资产专用性越低公司的谈判能力越强,表外租赁财务报告动机越高。本文用研发支出(RD)除以销售收入(Sales)来衡量资产专用性,该值大于等于样本均值的公司的资产专用性赋值为1,否则为0。分组回归结果(见表14(B)栏)显示,低资产专用性组(AS=0)和高资产专用性组(AS=1)的公司融资约束与表外租赁财务报告动机的系数分别为0.045(在1%统计水平上显著)和0.003(不显著)(两者差异经Bootstrap法计算出的经验p值在1%的统计水平上显著),在低资产专用性公司组中,高融资约束公司的表外租赁财务报告动机更强。换言之,公司议价能力越强,谈判成本越低,融资约束对表外租赁财务报告动机的作用越强。

(2)契约监督成本视角。租赁方式操纵的主要目的就是"美化"财务报表,掩饰债务和财务风险。但是,一旦这种行为被市场参与者发现,不仅会暴露真实的财务状况,还会有损市场中重复博弈者对公司的信任(张维迎和柯荣住,2002),进而对企业产生不利影响,如增大融资难度、提高资本成本等。影响操纵被发现的成本主要是被侦测的概率以及被侦测后受到的"惩罚",被发现的概率越低、发现后的"惩罚"越小,操纵被发现的成本就越小,从而表外租赁财务报告动机得以实现的可能性越大。

本文用是否有信用评级来衡量被侦测的概率。已有研究表明,信用评级机构具有信息中介和监测作用。信用评级在银行自身财务报表调整中具有替代作用(Altamuro et al.,2014),信用评级机构会将经营租赁纳入信用评估[5],减小租赁会计导致资本错配的可能性。因此,有信用评级的公司进行租赁操纵被侦测的概率更高,从而会降低表外租赁财务报告动机。本文用是否有信用评级作为分组标准,将样本分为有信用评级(Rate=1)和没有信用评级(Rate=0)两组,信用评级数据来自Wind数据库。分组回归结果(见表14(C)栏)显示,没

---

[5] 例如,我国前三大信用评级机构的中诚信国际信用评级有限公司就在其评级方法和模型中明确将经营租赁纳入财务指标予以调整,参考《中诚信国际航空运输行业评级办法与模型C170600_2019_03》。

有信用评级（Rate=0）公司的 SA 指数与 RI 的系数为 0.031（5％显著性水平），而有信用评级公司的相应系数为-0.017（不显著），两者差异经 Bootstrap 法计算出的经验 p 值在 1％的统计水平上显著）。结果表明，有信用评级公司组的融资约束与表外租赁财务报告动机的相关性更弱，即随着被侦测概率的提高，融资约束对表外租赁财务报告动机的作用下降。

本文用银行监督力度衡量租赁方式操纵被发现后的"惩罚"。银行往往长期与企业保持联系，相比于其他市场参与者，更有机会与企业进行重复博弈，一旦企业操纵行为被发现，就会损害银行对其的信任，从而对企业后续融资产生影响。本文参考雷强（2010），从 CSMAR 数据库下载上市公司银行贷款公告数据，提取企业贷款银行信息，并以相应年度英《银行家》杂志排名为标准，将前十大银行作为强监督银行，若公司与前十大银行有贷款关系，则 Bank 取值为 1，否则取值为 0。分组回归结果（见表 14（D）栏）显示，不受强监督银行监督公司的 SA 指数与 RI 的系数为 0.012（不显著），而受强监督银行监督公司的相应系数为 0.039（5％显著性水平），两者差异经 Bootstrap 法计算出的经验 p 值在 10％的统计水平上显著。结果表明，受强监督银行监督的公司在面临融资压力时，会更激进地使用表外租赁，甚至不惜付出巨大的成本以应对监管压力。

本文还用正异常租赁子样本对租赁操纵成本进行重新检验，结果与全样本一致（见表 15）。

表 15 租赁方式操纵成本的影响（正异常租赁子样本）

变量	RI_Positive（契约签订成本视角）				RI_Positive（契约监督成本视角）			
	(A)租赁期限		(B)资产专用性		(C)是否信用评级		(D)银行监督	
	LT=0	LT=1	AS=0	AS=1	Rate=0	Rate=1	Bank=0	Bank=1
SA	0.006	0.053**	0.051***	0.005	0.051***	0.035	0.015	0.091***
	(0.860)	(2.451)	(2.778)	(1.190)	(3.248)	(1.254)	(1.104)	(3.716)
Lev	0.020	0.008	0.035	0.007	0.022	-0.031	-0.003	0.111**
	(0.750)	(0.226)	(1.035)	(0.848)	(0.901)	(-0.535)	(-0.134)	(2.205)
Loss	0.009	0.028	0.022	0.004	0.023	0.031	0.029*	0.004
	(0.828)	(1.353)	(1.197)	(0.783)	(1.526)	(1.106)	(1.809)	(0.160)
CostD	-0.279	-0.305	-0.506	-0.080	-0.654**	0.451	-0.301	-1.260**
	(-0.890)	(-0.937)	(-1.564)	(-0.759)	(-2.555)	(0.742)	(-1.198)	(-2.161)
Size	-0.001	-0.017**	-0.012*	-0.002	-0.003	-0.008	-0.008	0.003
	(-0.365)	(-2.125)	(-1.667)	(-1.229)	(-0.554)	(-0.955)	(-1.354)	(0.345)
TP	0.003	0.000	0.001	0.000	0.000	0.003***	0.002***	0.000
	(1.562)	(0.857)	(1.242)	(1.253)	(1.108)	(2.664)	(3.306)	(0.529)

（续表）

变量	RI_Positive(契约签订成本视角)				RI_Positive(契约监督成本视角)			
	(A)租赁期限		(B)资产专用性		(C)是否信用评级		(D)银行监督	
	LT=0	LT=1	AS=0	AS=1	Rate=0	Rate=1	Bank=0	Bank=1
AssetsSpec	−0.093	−0.433**	−1.603***	−0.050	−0.274***	0.440	−0.281***	−0.244
	(−1.212)	(−2.156)	(−2.607)	(−0.691)	(−2.684)	(1.098)	(−3.093)	(−0.832)
Inst	0.000	0.001*	0.000*	0.000	0.000**	−0.000	0.000**	0.000
	(0.123)	(1.657)	(1.808)	(0.051)	(1.972)	(−0.127)	(2.083)	(0.116)
Shrcr	0.000	0.001**	0.001**	−0.000	0.000	0.001	0.000	0.001
	(0.848)	(2.127)	(2.048)	(−0.402)	(0.481)	(1.113)	(1.397)	(1.158)
Salary	−0.007**	0.040***	0.026***	−0.003	0.014**	0.018	0.015**	0.013
	(−2.072)	(4.349)	(3.312)	(−1.236)	(1.984)	(1.569)	(2.460)	(1.403)
BoardSize	0.015	−0.001	0.003	0.007	0.030	−0.028	0.000	0.034
	(1.224)	(−0.057)	(0.173)	(1.010)	(1.464)	(−1.153)	(0.006)	(1.222)
SOE	−0.010	−0.053***	−0.045***	−0.003	−0.038***	0.013	−0.030**	−0.043***
	(−1.019)	(−3.918)	(−3.718)	(−0.798)	(−3.682)	(0.916)	(−2.429)	(−3.043)
Big4	−0.008	−0.034***	−0.037***	0.001	−0.016	−0.039***	−0.021**	−0.073***
	(−1.127)	(−2.843)	(−3.288)	(0.278)	(−1.493)	(−2.809)	(−2.275)	(−3.456)
AnalysisAtt	0.002	−0.005	−0.004	−0.000	−0.002	0.010*	0.002	−0.005
	(0.700)	(−0.905)	(−0.811)	(−0.278)	(−0.487)	(1.683)	(0.417)	(−0.931)
常数项	0.212**	0.049	0.113	0.116**	0.097	0.019	0.085	0.072
	(2.068)	(0.220)	(0.578)	(2.187)	(0.595)	(0.074)	(0.487)	(0.320)
Industry	控制	控制	控制	控制	控制	控制	控制	控制
Year	控制	控制	控制	控制	控制	控制	控制	控制
N	337	437	507	267	551	223	522	252
Adj.R^2	0.156	0.578	0.540	0.049	0.580	0.579	0.542	0.599
F	5.991	17.659	18.408	7.830	172.887	7.698	37.358	5.454
Empirical p-value	0.026**		0.016**		0.150		0.000***	

注：括号内为 t 值；*表示 $p<0.1$，**表示 $p<0.05$，***表示 $p<0.01$；标准误经异方差调整；Empirical p-value 用于检验组间 RI 系数的显著性，通过自体抽样(Bootstrap)500 次得到。

2. 表外租赁财务报告动机对会计信息可比性的影响

新租赁准则表示："准则的目的是确保承租人和出租人真实地列报租赁交易以提供具有相关性的信息。"(IASB,2016)以及"通过该修订增加透明度和可比性"(FASB,2016)。但是，"所有权模式"租赁准则是否会对会计信息可比性产生负面影响不得而知。有学者认为，规则导向的租赁准则降低了准则应用的多样性,从而增强了财务报表的一致性与可比性(Collins et al.,2012);但也有学者认为,明确的划分标准使得管理者可以构造交易条款以规避准则要求,从而降低可比性(Agoglia et al.,2011)。因此,本文进一步讨论表外租赁财务报告动机对会计信息可比性的影响,以揭示新租赁准则试图取消租赁分类标准以提高可比性是否有效。本文用以下模型检验表外租赁财务报告动机对会计信息可比性的影响:

$$\text{CompAcct}_{i,t} = \beta_0 + \beta_1 \text{RI}_{i,t} + \text{Controls} + \sum \text{Industry} + \sum \text{Year} + \varepsilon_{i,t} \tag{7}$$

其中,CompAcct 为会计信息可比性,参考已有文献,本文使用 De Franco et al.(2011)的方法计算会计信息可比性。De Franco et al.(2011)将会计信息可比性定义为"对相同经济业务的会计信息处理导致的差异"。可比性指标构建如下:

$$\text{Financial Statement}_i = f_i(\text{Economic Events}_i) \tag{8}$$

其中,$f_i(\cdot)$ 表示公司 i 对经济业务的会计处理系统,即给定相同的经济业务 (Economic Events$_i$),相似的会计处理系统会产生相似的财务报表结果(Financial Statement$_i$)。参考 De Franco et al.(2011),本文选择股票收益率(Return)作为经济业务的代理变量,净利润(Earnings)除以期初权益市场价值作为财务报告结果的代理变量,得到模型(9):

$$\text{Earnings}_{i,t} = \alpha_i + \beta_i \text{Return}_{i,t} \tag{9}$$

用公司前 16 个季度的数据对模型(9)进行回归,得到公司 i 和公司 j 对于相同经济业务进行会计处理后的预期盈余:

$$E(\text{Earnings})_{ii,t} = \hat{\alpha}_i + \hat{\beta}_i \text{Return}_{i,t} \tag{10}$$

$$E(\text{Earnings})_{ij,t} = \hat{\alpha}_j + \hat{\beta}_j \text{Return}_{j,t} \tag{11}$$

公司 i 和公司 j 预期盈余之差就是两家公司的会计信息可比性,差值越小,可比性越高。为便于分析和理解,本文取差值的相反数,则指标值越大可比性越高,即:

$$\text{CompAcct}_{i,t} = -\frac{1}{16} \sum_{t-15}^{t} \left| E(\text{Earnings})_{ii,t} - E(\text{Earnings})_{ij,t} \right| \tag{12}$$

本文分别选择公司与行业内其他公司的可比性均值(CompAcctMn)、中位数(CompAcctMd)和可比性最高四家公司的均值(CompAcct4)作为公司层面的可比性指标。参考李青原和王露萌(2019)等,本文选取资产收益率(ROA)、公司规模(Size)、资产负债率(Lev)、市账比(MTBV)、经营活动现金流量净额除以总资产(CFO)、产权性质(SOE)、是否四大会计师事务所审计(Big4)作为控制变量,并加入行业固定效应和年度固定效应。

表16的回归结果显示,表外租赁财务报告动机越强,会计信息可比性越低。具体而说,表16第(1)—(3)列以全样本为研究对象,分别列示了三个可比性指标为被解释变量的回归结果,从中可以看出表外租赁财务报告动机(RI)和可比性(CompAcct)均显著负相关,系数分别为-0.002、-0.003和-0.002并至少在10%的统计水平上显著;表16第(4)—(6)列以正异常租赁子样本为研究对象,得到类似的结果,但显著性较弱。综合上述结果表明,表外租赁财务报告动机会降低会计信息可比性,因此新租赁准则有望提高租赁会计信息的可比性,但要警惕新的财务报告动机的产生。

表16 表外租赁财务报告动机与会计信息可比性

变量	RI			RI_Positive		
	(1)	(2)	(3)	(4)	(5)	(6)
	CompAcctMn	CompAcctMd	CompAcct4	CompAcctMn	CompAcctMd	CompAcct4
RI	-0.002*	-0.003**	-0.002**	-0.005*	-0.005*	-0.001
	(-1.736)	(-2.154)	(-2.335)	(-1.734)	(-1.706)	(-0.743)
ROA	0.002	0.002	0.001	0.007	0.006	0.002
	(1.273)	(1.476)	(0.809)	(0.798)	(0.729)	(0.741)
Size	-0.002***	-0.003***	-0.001***	-0.002***	-0.002***	-0.001***
	(-10.204)	(-10.656)	(-9.076)	(-5.346)	(-5.368)	(-5.574)
Lev	-0.006***	-0.007***	-0.004***	-0.007***	-0.007***	-0.005***
	(-6.489)	(-6.392)	(-9.203)	(-3.347)	(-3.479)	(-5.308)
MTBV	0.000***	0.000***	0.000***	0.000	0.000	0.000*
	(3.208)	(4.737)	(4.402)	(0.716)	(1.453)	(1.779)
CFO	-0.006***	-0.006***	-0.003***	-0.010*	-0.008	-0.003
	(-2.691)	(-2.724)	(-2.811)	(-1.931)	(-1.488)	(-1.124)
SOE	-0.001**	-0.001***	-0.000***	-0.002***	-0.002***	-0.001**
	(-2.370)	(-2.992)	(-2.693)	(-2.970)	(-3.227)	(-2.155)
Big4	-0.000	-0.001	0.000	-0.002***	-0.003***	-0.001*
	(-0.981)	(-1.563)	(0.322)	(-3.169)	(-3.726)	(-1.855)
常数项	0.047***	0.053***	0.019***	0.044***	0.047***	0.022***
	(9.206)	(10.162)	(8.735)	(4.948)	(5.198)	(5.418)
Industry	控制	控制	控制	控制	控制	控制

（续表）

变量	RI			RI_Positive		
	(1)	(2)	(3)	(4)	(5)	(6)
	CompAcctMn	CompAcctMd	CompAcct4	CompAcctMn	CompAcctMd	CompAcct4
Year	控制	控制	控制	控制	控制	控制
N	1 822	1 822	1 822	747	747	747
Adj.R^2	0.454	0.420	0.370	0.454	0.423	0.423
F	31.109	23.907	16.977	31.996	19.933	12.730

注：括号内为 t 值；*表示 $p<0.1$，**表示 $p<0.05$，***表示 $p<0.01$；标准误经异方差调整。

五、结论与启示

如何有效地控制企业的债务风险，不仅是我国企业亟待解决的重要难题，也是我国经济工作的重点内容之一。本文利用2013—2017年A股上市公司的表外租赁数据，估计表外租赁产生的租赁负债和异常租赁，发现我国上市公司表外租赁规模庞大且呈现扩张趋势，异常租赁也呈上升趋势，并存在明显的行业效应。研究发现，高融资约束公司的表外租赁财务报告动机更强。换言之，管理者试图利用表外租赁模糊租赁交易的实质，隐藏租赁债务，掩饰公司财务风险，并且这种动机在公司存在真实财务需求时更为强烈。进一步的分析结果表明，租赁方式操纵成本越低，公司表外租赁财务报告动机的作用越强；此外，表外租赁财务报告动机会降低会计信息的可比性。本文拓展了租赁动机的相关文献，对新租赁准则的实施及进一步完善具有一定的启示意义，也为有关表外负债动机的研究提供借鉴。

会计信息对于资源配置具有重要作用，已有研究表明会计信息质量影响资源配置效率。高质量会计信息能够减缓股东与外部投资者或者股东与管理者之间由信息不对称所导致的逆向选择或道德风险问题。当前，在经济由高速增长向高质量发展转变的背景下，中央提出防范系统性金融风险的发生，无论是监管层还是投资者都十分关注上市公司的杠杆水平，因此公司的管理者迫切渴望降低杠杆率以迎合监管需求和外部投资者偏好。但是对于公司而言，实质性去杠杆的成本是巨大的，本文发现的表外租赁财务报告动机实质上说明表外租赁已成为上市公司操纵杠杆的一种工具或手段。一方面，表外租赁低估了公司的负债与资产，从表面上降低了公司的负债率；另一方面，表外租赁导致了会计信息的低质量，增加了信息不对称，推高了实际的负债水平，积累了金融风险，不利于经济的高质量发展。

会计准则作为保障会计信息质量的一种制度安排，在相当大程度上决定了会计信息的质量。新租赁准则的实施对于提高会计信息质量具有重要意义，但是在巨额的表外租赁表内化之后，相关公司资本结构产生的巨大变化是否会影响到企业的投融资能力，以及是否会对经济的平稳运行产生影响，这些都是需要进一步探究的问题。本文认为，租赁准则下一步尚需对表内化租赁的类型做出进一步的细化规定，以规避管理者其他方式的报表操纵行为，如进一步拆分租赁合同。同时，上市公司有必要在租赁准则全面开始实施前进行缓和性的过渡，提前考虑重新安排租赁合同。对于市场参与者而言，加强对表外租赁信息的解读有助于全面了解公司的资本结构并对其进行正确定价。

参 考 文 献

姜付秀,张敏,陆正飞,等,2009.管理者过度自信、企业扩张与财务困境[J].经济研究(1):131-143.

雷强,2010,银行监督与上市公司盈余管理关系的实证研究：来自中国证券市场的经验证据[J].审计与经济研究(6):91-98.

李莉,高洪利,陈靖涵,2015.中国高科技企业信贷融资的信号博弈分析[J].经济研究(6):162-174.

李青原,王露萌,2019.会计信息可比性与公司避税[J].会计研究(9):35-42.

卢太平,张东旭,2014.融资需求、融资约束与盈余管理[J].会计研究(1):35-41.

潘佳琪,陆建桥,2016.国际新租赁会计准则对我国零售企业的影响及其对策：以永辉超市为例[J].财务与会计(20):36-39.

吴秋生,黄贤环,2017.财务公司的职能配置与集团成员上市公司融资约束缓解[J].中国工业经济(9):156-173.

许晓芳,陆正飞,2020.我国企业杠杆操纵的动机、手段及潜在影响[J].会计研究(1):92-99.

张维迎,2004.博弈论与信息经济学[M].上海：上海人民出版社.

张维迎,柯荣住,2002.信任及其解释：来自中国的跨省调查分析[J].经济研究(10):59-70.

张璇,刘贝贝,汪婷,等,2017.信贷寻租、融资约束与企业创新[J].经济研究(5):161-174.

AGOGLIA C, DOUPNIK T S, TSAKUMIS G T, 2011. Principles-based versus rules-based accounting standards: the influence of standard precision and audit committee strength on financial reporting decisions[J]. The accounting review, 86(3): 747-767.

ALTAMURO J, JOHNSTON R, PANDIT S, et al., 2014. Operating leases and credit assessments[J]. Contemporary accounting research, 31(2): 551-580.

ANG J, PETERSON P P, 1984. The leasing puzzle[J]. The journal of finance, 39(4): 1055-1065.

BEATTY A, LIAO S, WEBER J, 2010. Financial reporting quality, private information, monitoring, and the lease-versus-buy decision[J]. The accounting review, 85(4): 1215-1238.

BIONDI Y, BLOOMFIELD R J, GLOVER J C, et al., 2011. A perspective on the joint IASB/FASB exposure draft on accounting for leases[J]. Accounting horizons, 25(4): 861-871.

BRATTEN B, CHOUDHARY P, SCHIPPER K, 2013. Evidence that market participants assess recognized and disclosed items similarly when reliability is not an issue[J]. The accounting review, 88(4): 1179-1210.

CASKEY J, OZEL N B, 2019. Reporting and non-reporting incentives in leasing[J]. The accounting review, 94(6): 137-164.

COLLINS D L, PASEWARK W R, RILEY M E, 2012. Financial reporting outcomes under rules-based and principles-based accounting standards[J]. Accounting horizons, 26(4): 681-705.

CORNAGGIA K J, FRANZEN L A, SIMIN T T, 2013. Bringing leased assets onto the balance sheet[J]. Journal of corporate finance, 22(1): 345-360.

CORNAGGIA K J, FRANZEN L A, SIMIN T T, 2015. Managing the balance sheet with leases[R]. Working paper.

DECHOW P M, GE W L, LARSON C R, et al., 2011. Predicting material accounting misstatements[J]. Contemporary accounting research, 28(1): 17-82.

DE FRANCO G, WONG M H F, ZHOU Y, 2011. Accounting adjustments and the valuation of financial statement note information in 10-K filings[J]. The accounting review, 86(5): 1577-1604.

EISFELDT A L, RAMPINI A A, 2009. Leasing, ability to repossess, and debt capacity[J]. Review of financial studies, 22(4): 1621-1657.

EL-GAZZAR S, LILIEN S, PASTENA V, 1986. Accounting for leases by lessees[J]. Journal of accounting and economics, 8(3): 217-237.

GAVAZZA A, 2010. Asset liquidity and financial contracts: evidence from aircraft leases[J]. Journal of financial economics, 95(1): 62-84.

GAVAZZA A, 2011. Leasing and secondary markets: theory and evidence from commercial aircraft[J]. Journal of political economy, 119(2): 325-377.

GINER B, PARDO F, 2017. Operating lease decision and the impact of capitalization in a bank-oriented country[J]. Applied economics, 49 (19): 1886-1900.

GRAHAM J R, LEMMON M L, SCHALLHEIM J S, 1998. Debt, leases, taxes, and the endogeneity of corporate tax status[J]. The journal of finance, 53(1):131-162.

HADLOCK C J, PIERCE J R, 2010. New evidence on measuring financial constraints: moving beyond the KZ index[J]. Review of financial studies, 23(5): 1909-1940.

HENDERSON D, O'BRIEN P C, 2017. The standard-setters' toolkit: can principles prevail over bright lines[J]. Review of accounting studies, 22(2): 644-676.

HOLTHAUSEN R W, LEFTWICH R W, 1983. The economic consequences of accounting choice: implications of costly contracting and monitoring[J]. Journal of accounting and economics, 5: 77-117.

IMHOFF E A, LIPE Jr R C, WRIGHT D W, 1991. Operating leases: impact of constructive capitalization[J]. Accounting horizons, 5(1): 51-63.

IMHOFF E A, LIPE Jr R C, WRIGHT D W, 1997. Operating leases: income effects of constructive capitalization[J]. Accounting horizons, 11(2): 12-32.

IMHOFF Jr E A, THOMAS J K, 1988. Economic consequences of accounting standards the lease disclosure rule change[J]. Journal of accounting and economics, 10(4): 277-310.

LEWIS C M, SCHALLHEIM J S, 1992. Are debt and leases substitutes[J]. Journal of financial and quantitative analysis, 27(4): 497-511.

LIM S C, MANN S C, MIHOV V T, 2017. Do operating leases expand credit capacity? evidence from borrowing costs and credit ratings[J]. Journal of corporate finance, 42: 100-114.

LIM S C, MANN S C, MIHOV V T, 2003. Market evaluation of off-balance sheet financing: you can run but you can't hid[R]. Working paper.

MILLS L F, NEWBERRY K J, 2005. Firms' off-balance sheet and hybrid debt financing: evidence from their book-tax reporting differences[J]. Journal of accounting research, 43(2): 251-282.

MODIGLIANI F, MILLER M H, 1958. The cost of capital, corporation finance, and the theory of investment[J]. The American economic review, 48: 261-297.

ROBERTS M R, SUFI A, 2009. Renegotiation of financial contracts: evidence from private credit agreements[J]. Journal of financial economics, 93: 159-184.

SCOTT T W, WIEDMAN C I, WIER H A, 2011. Transaction structuring and Canadian convertible debt[J]. Contemporary accounting research, 28(3): 1046-1071.

SHANE S, CABLE D, 2002. Network ties, reputation, and the financing of new ventures[J]. Management science, 48(3): 364-381.

SHARPE S A, NGUYEN H H, 1995. Capital market imperfections and the incentive to lease[J]. Journal of financial economics, 39: 271-294.

SMITH Jr C W, WAKEMAN L M, 1985. Determinants of corporate leasing policy[J]. The journal of finance, 40(3): 895-908.

WONG J, WONG N, JETER D C, 2016. The economics of accounting for property leases[J]. Accounting horizons, 30(2): 239-254.

YAN A, 2006. Leasing and debt financing: substitutes or complements[J]. Journal of financial and quantitative analysis, 41(3): 709-731.

ZECHMAN S L C, 2010. The relation between voluntary disclosure and financial reporting evidence from synthetic leases[J]. Journal of accounting research, 48(3): 725-765.

ZHANG S, LIU C, 2020. State ownership and the structuring of lease arrangements[J]. Journal of corporate finance, 62: 1-23.

图书在版编目(CIP)数据

中国会计评论.第19卷.第3期/王立彦等主编.—北京:北京大学出版社,2021.9

ISBN 978-7-301-33177-4

Ⅰ.①中⋯ Ⅱ.①王⋯ Ⅲ.①会计–中国–丛刊 Ⅳ.①F23-55

中国版本图书馆CIP数据核字(2022)第131970号

书　　　名	中国会计评论(第19卷　第3期) ZHONGGUO KUAIJI PINGLUN(DI-SHIJIU JUAN　DI-SAN QI)
著作责任者	王立彦等　主编
责 任 编 辑	黄炜婷
标 准 书 号	ISBN 978-7-301-33177-4
出 版 发 行	北京大学出版社
地　　　址	北京市海淀区成府路205号　100871
网　　　址	http://www.pup.cn
微信公众号	北京大学出版社　北京大学经管书苑
电 子 信 箱	em@pup.cn
电　　　话	邮购部 010-62752015　发行部 010-62750672　编辑部 010-62752926
印 刷 者	三河市北燕印装有限公司
经 销 者	新华书店
	787毫米×1092毫米　16开本　11印张　198千字 2021年9月第1版　2021年9月第1次印刷
定　　　价	48.00元 International Price：$48.00

未经许可,不得以任何方式复制或抄袭本书之部分或全部内容。
版权所有,侵权必究
举报电话:010-62752024　电子信箱:fd@pup.pku.edu.cn
图书如有印装质量问题,请与出版部联系,电话:010-62756370

《中国会计评论》征订

《中国会计评论》是一本与国际学术研究相接轨、积极关注中国会计与财务问题的大型会计理论学术期刊,由北京大学、清华大学、北京国家会计学院发起,多所综合大学联合主办,北京大学出版社出版,主要面向大学会计教育界和学术界发行。

本刊力求为中国会计理论界提供一个学术交流聚焦点,为会计界学者提供一个高水平的研究成果发表平台。本刊的研究风格是:用国际规范的方法,研究中国的本土经济现象,为中国会计理论学科的发展走向世界铺路搭桥。我们希望并相信,在会计理论界的共同努力下,《中国会计评论》能够发表一系列开创性的、具有影响力的研究成果,培育出一大批具备敏锐眼光的杰出会计学者。

《中国会计评论》为大16开,每期180页左右。本刊印刷装帧考究,内容深刻,极富学术参考价值和保存价值,是有志于学习现代会计前沿理论和方法并以之研究中国本土问题的学者和学生的必读刊物,同时也是最好的学术发表平台之一。

我们诚挚地邀请海内外学者共襄盛举,踊跃投稿和订阅,为中国会计和财务理论的繁荣奉献力量。

征 订 回 执

书 名	订阅年度	订 数	汇款金额
《中国会计评论》 每期定价: 58.00元/册(含邮费)	□ 2021年共4期	共计　　　期 每期　　　册 总计　　　册	————————元 (总册数×58元/册)
发票信息	名称: 纳税人识别号:		
收书信息 (姓名/地址/邮编/电话)			
汇款单位(人)		电话/手机 E-mail	

☆ **电汇信息:**
户名:北京大学出版社有限公司校园文化服务分公司
开户银行:工行北京海淀西区支行
账号:0200 0045 0920 1275 270

"汇款单"填写说明:请您务必在备注栏注明"《中国会计评论》书款"及您的联系电话。

☆ **购书流程:**
1. 回复征订单:请您将此"征订回执"填写完整,E-mail给我们。如对征订单有不清楚之处,请先电话或微信(扫描下方二维码)联系确认。
2. 汇款:汇款后,请务必将"汇款回执单"E-mail给我们,以便核对是否到账。

☆ **联系方式:**
北京大学出版社有限公司·邮购部(北大书店):
联系人:徐军/迟频　E-mail:736858469@qq.com
联系电话:010-6275 7515,6275 2015　手机:1581 083 2067
通信地址:北京市海淀区北京大学新太阳学生中心地下二层,100871

CHINA ACCOUNTING REVIEW (CAR)

China Accounting Review (CAR) is a new accounting journal in Chinese, sponsored by Peking University, Tsinghua University, Beijing National Accounting Institute and ten more universities, and published by the Peking University Press.

The aim of the journal is to provide a publication forum for serious theoretical and empirical research on accounting and finance in China's transitional economy. Papers published in CAR fall into five categories: reviews, regular papers, comments and replies, symposium, and book reviews.

Each issue contains about 180 pages and is printed elegantly with quality paper. English table of contents and an abstract for each paper are provided. The journal brings the reader with the latest developments of accounting and finance research in China. Therefore, it is a must collection for academic libraries and scholars who have an interest in the Chinese accountancy.

CHINA ACCOUNTING REVIEW (CAR)

Order Form

☐ Institutions & Individuals   US $192.00/Volume

Please enclose a check payable to *China Accounting Review* with this order form.

Subscription to		Only checks are accepted
☐ Vol.15 ☐ Vol.19		Currency Options
☐ Vol.16 ☐ Vol.20		☐ RMB ☐ Hong Kong dollar
☐ Vol.17 ☐ Vol.21		☐ Euro ☐ US dollar
☐ Vol.18 ☐ Vol.22		

Name_____

Address_____

City/State/Zip/ Country_____

Phone(   )_____   Fax (   )_____

E-mail_____

Please mail your order and check to *China Accounting Review*, Guanghua School of Management, Peking University, Beijing 100871, China.